T0198714

essentials

essentials liefern aktuelles Wissen in konzentrierter Form. Die Essenz dessen, worauf es als „State-of-the-Art" in der gegenwärtigen Fachdiskussion oder in der Praxis ankommt. *essentials* informieren schnell, unkompliziert und verständlich

- als Einführung in ein aktuelles Thema aus Ihrem Fachgebiet
- als Einstieg in ein für Sie noch unbekanntes Themenfeld
- als Einblick, um zum Thema mitreden zu können

Die Bücher in elektronischer und gedruckter Form bringen das Expertenwissen von Springer-Fachautoren kompakt zur Darstellung. Sie sind besonders für die Nutzung als eBook auf Tablet-PCs, eBook-Readern und Smartphones geeignet. *essentials:* Wissensbausteine aus den Wirtschafts-, Sozial- und Geisteswissenschaften, aus Technik und Naturwissenschaften sowie aus Medizin, Psychologie und Gesundheitsberufen. Von renommierten Autoren aller Springer-Verlagsmarken.

Weitere Bände in der Reihe http://www.springer.com/series/13088

Antje Pfab

Ich und die Anderen

Der Einfluss von Selbst- und
Fremdbildern auf den beruflichen
Alltag

Antje Pfab
HS Fulda
Fulda, Deutschland

ISSN 2197-6708   ISSN 2197-6716   (electronic)
essentials
ISBN 978-3-658-31205-3   ISBN 978-3-658-31206-0   (eBook)
https://doi.org/10.1007/978-3-658-31206-0

Die Deutsche Nationalbibliothek verzeichnet diese Publikation in der Deutschen Nationalbibliografie; detaillierte bibliografische Daten sind im Internet über http://dnb.d-nb.de abrufbar.

PLanung/Lektorat: Eva Brechtel-Wahl
Springer ist ein Imprint der eingetragenen Gesellschaft Springer Fachmedien Wiesbaden GmbH und ist ein Teil von Springer Nature.
Die Anschrift der Gesellschaft ist: Abraham-Lincoln-Str. 46, 65189 Wiesbaden, Germany

Was Sie in diesem *essential* finden können

- Wie Selbst- und Fremdbilder den Umgang mit anderen Menschen und die Beziehungsgestaltung beeinflussen
- Wie sich das eigene „Idealbild" von sich selbst auf (berufliches) Handeln auswirkt
- Wie menschliche Wahrnehmung funktioniert und welche „Fallstricke" damit verbunden sind
- Wie Sie neue Handlungsspielräume und Möglichkeiten der Beziehungsgestaltung entdecken können, gerade auch, wenn diese als schwierig erlebt werden
- Wie Selbst- und Fremdwahrnehmung aus unterschiedlichen Wissenschaftsperspektiven praxisnah fundiert betrachtet wird

für Werner

Vorwort

Dieses *essential* beruht auf einem Studienbrief zur Selbst- und Fremdwahrnehmung des Weiterbildungsstudiums „Professionelles Coaching und Supervision" der Hochschule Fulda, das ich zusammen mit meinem Kollegen und Mann, Werner Pfab, geleitet habe.

Nicht nur für Coaches und Supervisor*innen, auch für andere Berufstätige, die in welcher Weise auch immer mit anderen Menschen zu tun haben, z. B. als Führungskraft oder Projektleitung, Mitglied eines Teams oder in Beratung oder Lehre tätig sind, ist es wichtig, Facetten der modernen Arbeitswelt zu kennen. Sie gehören zu den sogenannten *soft skills,* die darüber entscheiden können, ob man beruflich erfolgreich ist oder nicht. Sie leisten einen wesentlichen Beitrag zu einem guten Umgang miteinander, sowohl im Beruf als auch im Privatleben. Eine dieser Facetten ist die Selbst- und Fremdwahrnehmung. Kenntnisse darüber, wie Wahrnehmung funktioniert und welche Faktoren bei der eigenen Wahrnehmung von uns selbst, aber auch der Wahrnehmung anderer Menschen eine Rolle spielen, tragen zu einer realistischen Selbsteinschätzung bei und führen zu einer differenzierteren Sichtweise unserer Mitmenschen.

Diese Kenntnisse möchte ich Ihnen in diesem *essential* vermitteln und Sie damit zu einer besseren Beziehungsgestaltung befähigen. Ich wünsche Ihnen eine erkenntnisreiche Lesezeit und anregende (neue) Ideen und Begegnungen!

Fulda
im Mai 2020

Antje Pfab

Inhaltsverzeichnis

Über die Autorin

Antje Pfab, Ethnologin, M. A., Coach und Supervisorin (DGSv). Wissenschaftliche Mitarbeiterin an der Hochschule Fulda, Leitung des Weiterbildungsstudiums „Professionelles Coaching und Supervision". Laufendes Promotionsprojekt an der Friedrich-Alexander-Universität Erlangen-Nürnberg zur Bedeutung von Übergangsritualen in der reflexiven Beratung. Zahlreiche Seminare und Workshops im Hochschul- und Fortbildungsbereich. Wissenschaftliche Schwerpunkte: aktuelle Entwicklungen der Arbeitswelt, Coaching, professionelle Beziehungsgestaltung (auch in interkulturellen Kontexten).

www.zielklaerung.de

Einleitung 1

Wie oft haben Sie heute schon über sich nachgedacht – und in welcher Weise? Als denkende Wesen nehmen Menschen nicht nur ihre Umgebung und Dinge, die sie gerade beschäftigen, wahr, sondern auch sich selbst. Dieses Nachdenken über bestimmte Dinge, Tätigkeiten, Andere und auch über sich selbst geschieht oft, ohne dass wir dem nähere Aufmerksamkeit schenken, beinahe unbewusst – z. B. bei der Frage und Entscheidung, was Sie heute Morgen angezogen haben. Als Mensch sind Sie jedoch auch in der Lage, tiefer und sehr bewusst nachzudenken – auf sich selbst bezogen z. B. beim Tagebuch schreiben oder bei wichtigeren Entscheidungen als der Kleidungswahl. Besonders deutlich wird dies bei der Frage nach dem Sinn des Lebens, danach, was für Sie besonders wichtig ist in Ihrem Leben und wie Sie Ihr Leben im Rahmen der Ihnen gegebenen Entscheidungsmöglichkeiten gestalten möchten.

Bei den oben genannten Beispielen stehen nicht nur Sie als Person im Mittelpunkt Ihres Denkens, sondern die Antworten und Entscheidungen, die Sie auf sich selbst und Ihr Leben bezogen treffen, sind maßgeblich von Ihrem Selbstbild beeinflusst sowie dem Bild von sich, das Sie Anderen gerne zeigen möchten oder von dem Sie annehmen, dass es den Erwartungen Ihrer Umgebung entspricht – dies ist sowohl kontextabhängig, also abhängig von der Situation und dem Umfeld, in dem Sie sich gerade bewegen, als auch von Fremdbildern, die Sie von Anderen in der jeweiligen Situation und Umgebung haben, und den Fremdbildern, die Andere von Ihnen haben.

Selbst- und Fremdbilder spielen in unserem Leben also eine große Rolle, beim Nachdenken über uns selbst, insbesondere aber auch, wann immer wir mit anderen Menschen zu tun haben. Es ist daher lohnend, sich näher damit zu beschäftigen, wie diese Bilder entstehen und welche Auswirkungen und Folgen eine bestimmte Sichtweise von sich selbst und den anderen Menschen in ihrer Umgebung haben, gerade auch im beruflichen Handeln.

Ich lade Sie daher ein, mit mir zunächst einmal anzuschauen, wie sich verschiedene Wissenschaftsrichtungen mit diesem Thema beschäftigt haben und welche Erkenntnisse wir daraus über unser eigenes Selbst und die Entwicklung von Selbst- und Fremdbildern gewinnen können. Anschließend möchte ich Ihnen zeigen, welche Wirkungen diese Bilder auf Ihren beruflichen Alltag haben und wie Sie einen konstruktiven Umgang mit Selbst- und Fremdbildern, aber auch den Schwierigkeiten finden können, wenn unterschiedliche Selbst- und Fremdwahrnehmungen oder -konzepte aufeinandertreffen. Dies wird besonders in der Begegnung mit Menschen aus anderen Kulturen als Ihrer eigenen deutlich. Ein praxisorientiertes Fazit gibt Ihnen zum Abschluss Anregungen, wie Sie das nun gewonnene Verständnis von Selbst- und Fremdwahrnehmung in Ihrem täglichen Leben weiter nutzen können, z. B. welche neuen Möglichkeiten der Beziehungsgestaltung Sie durch einen bewussteren Umgang mit Selbst- und Fremdbildern und unterschiedlichen Blickwinkeln und Wahrnehmungsweisen erhalten.

Da dieses Thema viel mit Ihnen selbst zu tun hat, empfehle ich Ihnen, beim Lesen immer wieder eine Pause einzulegen, um sich damit zu beschäftigen, wie Sie selbst mit dem gerade Gelesenen üblicherweise in Ihrem Leben umgehen.

Was versteht man unter Selbst- und Fremdwahrnehmung? 2

Menschen besitzen die Fähigkeit, nicht nur über Dinge, sondern auch über sich selbst nachzudenken. Als selbst-reflexive Wesen sind sie sich ihrer selbst bewusst und haben die Möglichkeit, ihr eigenes Leben im Rahmen ihrer Möglichkeiten zu gestalten. Ihr Verhalten und Handeln wird nicht nur instinktiv gesteuert, sondern durch das eigene Denken und Fühlen bestimmt. Bei all dem spielt die Wahrnehmung, auf die ich später noch genauer zu sprechen kommen werde, eine wesentliche Rolle. Wie wir uns selbst wahrnehmen und welches Selbstbild wir dadurch von uns selber entwickeln, bezeichnen wir als Selbstwahrnehmung. Fremdwahrnehmung dagegen bezeichnet zum einen, wie Andere *uns* wahrnehmen, wie wir also aus fremder Sicht wahrgenommen werden; zum anderen bezeichnet Fremdwahrnehmung jedoch auch, wie wir Andere – „Fremde" – wahrnehmen und welches Fremdbild wir dadurch von Anderen entwickeln. Letzteres wiederum wird stark von unserer eigenen Wahrnehmung geprägt, auch darauf komme ich noch zu sprechen.

Zunächst jedoch wollen wir uns als Einstieg in das Thema ein paar wesentlichen Ausführungen und Herangehensweisen aus der Sicht relevanter Wissenschaften zuwenden:

2.1   Ausführungen und Herangehensweisen aus psychologischer Sicht[1]

Beginnen möchte ich mit einer psychologischen Sicht, die uns Aufschluss darüber gibt, wie Menschen überhaupt wahrnehmen und wodurch die menschliche Wahrnehmung geprägt wird[2]:

Dazu müssen wir uns zunächst vergegenwärtigen, dass zur Selbst- und Fremdwahrnehmung das Anerkennen einer individuellen Persönlichkeit, die mit Gefühlen, Vernunft, inneren Werten und einem besonderen Charakter und Wesenskern – einem „Selbst" – ausgestattet ist, vorausgesetzt wird. Zu den frühesten bekannten Texten, die sich mit der Frage des Selbst beschäftigen, gehören das chinesische Tao te Ching (circa 500 vor Christus), die Philosophie Gautama Buddhas (563–483 vor Christus) sowie die in Indien um 600 vor Christus entstandenen Upanishaden (Leary und Tangney 2012, S. 2). Unser westliches Menschenbild lässt sich auf die griechische Antike und das Christentum[3] zurückführen. Etwa zwei Jahrtausende lang findet die Beschäftigung mit dem Selbst in religiösen oder theologischen Kontexten statt, z. B. in Form der Auseinandersetzung mit den Übeln von Egoismus, Stolz und selbstsüchtigem Verhalten oder dem Sündenbewusstsein. Jedoch erst in der Renaissance wird das Individuum als etwas *Einmaliges* gesehen (Oerter 1999, S. 185), zu Beginn der Moderne (mit Beginn des 17. Jahrhunderts) wird „die eigene Person in

---

[1]Ich beziehe mich hier hauptsächlich auf den Interaktionistischen Ansatz in der Psychologie der Persönlichkeitsentwicklung, der im Gegensatz zu anderen psychologischen Richtungen von einem wechselseitigen Einfluss von Person und Umwelt ausgeht. Personen eignen sich nach dieser theoretischen Auffassung „nicht nur ihre Umwelt aktiv an, sondern verändern diese auch, indem sie aktiv gestaltend in sie eingreifen. Die Umwelt wirkt ihrerseits auf die Person ein und zwar in vielen Fällen als eine vom Menschen bereits veränderte, wodurch sie zu einer neuen Ausgangslage für die weitere Entwicklung wird. Dieser Prozeß gilt gleichermaßen für die Auseinandersetzung der Person mit ihrer materiellen und sozialen Umwelt", aber auch in der Interaktion zwischen zwei oder mehreren Personen (Schneewind 1999, S. 27).

[2]Die hier dargestellte psychologische Sichtweise bezieht sich auf eine Wissenschaft, die im europäisch-westlichen kulturellen Kontext entwickelt und geprägt wurde – ein Gegenbild hierzu finden Sie im Kap. 3.2.

[3]Eine gute Darstellung der Verbindung zwischen Individualisierung und Christentum finden Sie bei Ohlig (2001).

besonderer Weise zum Gegenstand der eigenen Betrachtung gemacht" (Langfeldt und Nothdurft 2015, S. 45)[4]. Während der Aufklärung befassten sich die meisten großen Philosophen mit der Frage des Selbst, der eigenen Identität, unter anderem Locke, Descartes, Leibnitz und Kant (Leary und Tangney 2012, S. 2). Die in der Philosophie als „reflexive Wende" bezeichnete Einsicht, dass „wahre Erkenntnis" nur durch die Beobachtung und Kontrolle der eigenen Denkprozesse möglich sei, bildet die Voraussetzung unseres modernen Selbst-Konzepts (Langfeldt und Nothdurft 2015, S. 45) – der Mensch betrachtet sich nun selbst von einer „Meta-Ebene", also quasi von außen als Gegenstand oder Objekt.

In der Psychologie wird die erste grundlegende Diskussion des Selbst in der Regel auf William James zurückgeführt, der in seinem 1890 erschienenen Buch: „The Principles of Psychology" dem Selbst das Kapitel: „The Consciousness of Self" gewidmet hat. Er definierte darin das Selbst als die Summe all dessen, was ein Mensch *sein* nennen kann, „not only his body and his psychic powers but his clothes and his house, his wife and children, his ancestors and friends, his reputation and works, his lands and horses, and yacht and bank-account" (James 1890, S. 291). „ME" bezeichnet bei James die *erfahrbare Person* („the empirical person"), „I" den urteilenden Gedanken („the judging thought") (ebd., S. 371).

George Herbert Mead griff die Ideen James' und des Soziologen Cooleys (vgl. Abschn. 2.2) auf und erweiterte sie. Die Erkenntnis über das eigene Selbst entwickelt sich laut Mead durch die Interaktion mit Anderen (1934, S. 164 f.). Mit der Beobachtung, dass andere Menschen auf uns in bewertender Weise reagieren (z. B. lobend oder kritisierend und bestrafend), wird uns bewusst, dass es außer unserer eigenen, subjektiven Perspektive noch eine andere Sichtweise gibt, die wir wiederum auf uns selbst beziehen können. Wir können so uns selbst vom Standpunkt Anderer und aus ihren sozialen Standards heraus beurteilen (Carver 2012, S. 51). Durch die Interaktion mit mehreren Gruppenmitgliedern entwickelt sich eine generalisierte Einstellung der Gruppe (bei Mead „generalized other"), zu der man seine eigene Einstellung in Beziehung setzen kann und nach der man seine eigenen Handlungen, aber auch die Bewertung des eigenen Selbst ausrichten kann (Mead 1934, S. 256). „In Form des ‚generalisierten Anderen' ist das handelnde Individuum als Subjekt imstande, sich selbst als Objekt gegenüber zu treten (z. B. mittels Sprache) und Positionen der ‚anderen' einzunehmen" (Eckardt 2015, S. 57).

---

[4]Genaueres zu diesem Entwicklungsprozess und den historischen Voraussetzungen siehe Langfeldt und Nothdurft (2015, S. 44 ff.) oder Taylor (1996, S. 207 f.).

In den 1950er Jahren beschäftigten sich dann auch die sogenannten Neo-Freudianer wie beispielsweise Karen Horney und Harry Stack Sullivan mit Sichtweisen des Selbst (in Abgrenzung zu Freuds Verständnis des „Ego") (Leary und Tangney 2012, S. 2). Für die humanistische Auseinandersetzung mit Fragen des Selbst in der Psychologie steht Ende der 1950er Jahre vor allem Carl Rogers Theorie der Persönlichkeit und Psychotherapie (ebd., S. 3). Für Rogers stehen dabei die Selbstaktualisierung, die Selbsterhaltung und Selbstverwirklichung eines Menschen im Mittelpunkt, eng verknüpft mit der jeweiligen Selbsterfahrung (1959, S. 196 ff.).

Drei Entwicklungen führen laut Leary und Tangney zu einer deutlichen Zunahme der Beschäftigung mit Fragen des Selbst in der Psychologie (und Soziologie) in der zweiten Hälfte des 20. Jahrhunderts: Die erste besteht in den Mitte der 1950er und 1960er Jahre erfolgten empirischen Forschungsarbeiten im Zusammenhang mit „Selbstwert" („self-esteem"), gefolgt von der „kognitiven Wende" in der Psychologie (die zweite Entwicklung bei Leary und Tangney), die sich dem Studium der Gedanken und inneren Kontroll-Prozessen widmete. Häufig wurden dabei Metaphern des Computers zugrunde gelegt[5]. Duvals und Wicklunds Theorie der Selbsterkenntnis („self-awareness") 1972 spielte laut Leary und Tangney eine besonders große Rolle im Wandel des Selbstbilds innerhalb der Psychologie, die im Folgenden zu Fragen der „Kontrolle" und kybernetischen Herangehensweisen bis hin zum Aufgreifen des Themas der Selbst-Regulierung führte (ebd., S. 3). Die dritte Entwicklung waren Veröffentlichungen zu verschiedenen Messungen von Persönlichkeitseigenschaften, die in den 1960er und 1970er Jahren zu einem vielfältigen Interesse an Selbstbezogenen Themen führten, z. B. Selbstbeobachtung, Selbstkontrolle, Selbstkonzept und Identitätsfragen (ebd., S. 3).

Fragen von Selbstkonzept und Identität wurden unter anderem auch in der klinischen Psychologie von Heinz Kohut (1971) und Otto Kernberg (1976) untersucht (Morf und Mischel 2012, S. 22).

Seit den 1970er Jahren hat die Beschäftigung mit sich selbst zumindest in den USA und Europa einen wahren Boom erlebt. Unter dem Begriff des Selbst wurden nun alle möglichen selbst-bezogenen Themen behandelt wie Selbstbewusstsein, Selbstsicherheit, Selbstkontrolle, Identität, Selbstvergewisserung,

---

[5]Dies zeigt sich z. B. auch in noch heute üblichen Definitionen, nach denen das Selbst als „Gedächtnisstruktur" angesehen wird, „in der selbstbezogene Informationen repräsentiert sind" (Hannover 1997, S. 4).

mit dem Selbst verbundene Gefühle, und zunehmend auch Themen wie Selbst-evaluation, Selbstregulierung und -management. Ihnen gemeinsam ist die Reflexion über sich selbst und darüber, was es bedeutet, ein „Selbst", eine persön-liche Identität, zu haben, wobei es keine einheitliche Definition darüber gibt, was „das Selbst" eigentlich ist. Umso wichtiger ist es also, genau hinzuschauen, was welche Autorin mit den Begriffen Selbst oder Identität verbindet – und nicht davon auszugehen, dass unser eigenes Identitäts- oder Selbstverständnis dem Anderer entspricht (eine der typischen Wahrnehmungsfallen, auf die ich in Kap. 4 noch zu sprechen kommen werde).

Leary und Tangney haben fünf Definitionsweisen ausfindig gemacht, die sich in den Verhaltens- und Sozialwissenschaften bezüglich des Selbst-Begriffs am häufigsten finden lassen:

- Erstens das <u>Selbst als *ganze* Person</u> – diese Sichtweise ist auch alltagssprach-lich weit verbreitet. Hierbei ist wichtig zu beachten, dass die meisten Wissen-schaftler nicht davon ausgehen, dass die Person das Selbst *ist,* sondern eher davon ausgehen, dass jede Person ein Selbst *hat*.
- Zweitens das <u>Selbst als individuelle Persönlichkeit,</u> also die Fähigkeiten, Charaktereigenschaften, Ziele, Werte und Vorlieben einer Person (2012, S. 4).
- Drittens das <u>Selbst als Erfahrungen machendes Ich</u>.
- Viertens das <u>Selbst im Sinne eigener Annahmen über sich selbst</u>.
- Fünftens das <u>Selbst als „*executive agent*"</u>, also als handelndes Selbst, das Ent-scheidungen trifft und plant (ebd., S. 5).

Allen gemeinsam ist die grundlegende Fähigkeit des Menschen zum reflexiven Denken, die das Beobachten und Nachdenken über sich selbst beinhaltet und bewusste Erfahrungen, Wahrnehmungen, Glaubensvorstellungen und Gefühle über sich selbst ebenso wie die Steuerung des eigenen Verhaltens miteinschließt (ebd., S. 6).

Alle oben genannten Formen des Selbst finden sich in den seit den 1980er Jahren wesentlich weiter gefassten theoretischen Konzepten des Selbst, die sich sowohl mit zwischenmenschlichen als auch grundlegenden *intrapersonellen* Gesichtspunkten befassen (ebd., S. 11). Erfreulicherweise wird heutzutage auch die wesentliche Rolle der Kultur bei der Entstehung von Selbstkonzepten und der eigenen Identität wissenschaftlich in den Blick genommen.[6] Zu den bislang

---

[6]Nicht nur in der Ethnologie ist der Kulturbegriff schwer zu fassen – gleichzeitig hat jeder Mensch eine Vorstellung, was „Kultur" meint und bezeichnet. Neben dem „Bestand an

neuesten Entwicklungen aus psychologischer Sicht gehört in diesem Jahrtausend der Einfluss der Neurowissenschaften, die untersuchen, welche Hirnregionen an selbstbezogenen Prozessen beteiligt sind. So finden sich nun auch Definitionen des Selbst als „mentales *System*[.], das alle Lebenserfahrungen integriert" (Kuhl 2019, S. 49; Herv. A. P.). Das Selbst als „System" meint dabei „ein Netzwerk von kooperierenden Funktionen (verschiedener Hirnregionen), das erst durch einen langwierigen Entwicklungsprozess entsteht" (ebd., S. 49). Bauer zufolge entstehen diese „neuronalen Selbst-Netzwerke" (2019, S. 15) durch Resonanz.

2.2 Ausführungen und Herangehensweisen aus gesellschaftswissenschaftlicher Sicht (Soziologie[7])

Parallel zu der oben dargestellten Entwicklung eines Selbstkonzepts wird aus gesellschaftswissenschaftlicher Sicht eine Hinwendung zum Privaten betont, die in der Renaissance und Aufklärung entsteht und sich u. a. durch die Entstehung von separaten Schlafräumen oder dem Tragen eines Nachthemds ausdrückt (Elias 1976, Bd. 1, S. 222 ff.), gefolgt von der Einführung von Räumen, die einer Person allein „gehören", die Ersetzung von Bänken durch Stühle oder auch die Herstellung von Spiegeln. All dies ist Ausdruck eines autonomen Ichs und befördert die Sichtweise und Wahrnehmung eines eigenen Selbst (Langfeldt und Nothdurft 2015, S. 46). So treten z. B. im 16. Jahrhundert zahlreiche Autobiografien auf (Oerter 1999, S. 185), gefolgt von Tagebüchern im 17. Jahr-

---

künstlerischen und geistigen Werken [… oder dem] Prozess geistiger und intellektueller Entwicklung" sind mit dem Begriff „Kultur" auch „die Werte, Sitten, Überzeugungen und symbolischen Praktiken, nach denen die Menschen leben" verbunden, bis hin zu „eine[r] komplette[n] Lebensweise" (Eagleton 2017, S. 9). Alltagssprachlich wird darunter häufig eine „*bestimmte Lebensweise einer Gruppe*" bezeichnet (Goebel 2015, S. 138). „Kultur organisiert die Werte, Normen und symbolischen Formen, welche das soziale Verhalten und die sozialen Handlungssysteme wesentlich begründen und begrenzen – die sozialen Interaktionen aber wirken ihrerseits auf die Organisation der Kultur zurück" (Hermann Bausinger, zitiert in Gerndt 2002, S. 200). Der hier von mir verwendete Kulturbegriff ist in diesem Sinne nicht mit Nationalitäten verbunden (z. B.: „die deutsche Kultur"), sondern eher im jeweiligen Kontext einer Gruppe zu sehen und entsprechend offen und dynamisch.
[7]Soziologie meint hier im Sinne Max Webers eine „Wissenschaft, welche soziales Handeln deutend verstehen und dadurch in seinem Ablauf und seinen Wirkungen ursächlich erklären will" (Weber 1964, S. 1).

hundert; die Frage: „Wer bin ich?" rückt zunehmend in das Bewusstsein der Menschen (Langfeldt und Nothdurft 2015, S. 46 f.).[8] Das nach Baumeister bislang vorherrschende Identitätsverständnis, das sich an festgelegten Rollen und gesellschaftlich-sozialen Pflichten orientiert hat, wandelt sich: Im Mittelalter galt ein kollektiv für alle identisches korrektes christliches Leben als Leitlinie. Nun wird die Einmaligkeit persönlicher Identität und individueller Lebensführung betont. Außerdem entwickelt sich die Vorstellung eines „inneren Selbst" und daraus folgend die Bedeutung von „Echtheit" als Entsprechungsverhältnis von „innerem Selbst" und äußerer Erscheinung (Baumeister 1986, S. 36 ff.). Grund für diese Entwicklung ist zum einen die – nach der Erfindung des Buchdrucks im 15. Jahrhundert – zunehmende Schriftlichkeit im 16. Jahrhundert, begleitet von einer die Selbstreflexion fördernden schulischen Entwicklung, deren Erziehungsprogramme nun von den bürgerlichen Werten beeinflusst werden. Die selbstreflexiven Texte der Neuzeit zeigen einen Säkularisierungstrend: „Indem die religiös-rituelle Hoffnung auf ein Jenseits abnimmt, wird der diesseitige Selbstwert des Menschen und damit die Verpflichtung und Möglichkeit, sein Schicksal selbst in die Hand zu nehmen, stärker. Die Befreiung von [kirchlich-religiöser] Tradition ist ein Akt der Selbstfindung. An die Stelle der Überwindung der Sünde tritt die Selbsterkenntnis als zentrale Aufgabe des Menschen" (van Dülmen 2001, S. 5). Doch lösten diese Strömungen „der Kultur der Befreiung von überkommenen Konventionen" seit der Renaissance gleichzeitig eine Gegenreaktion gegen die „beängstigenden Exzesse der […] Freiheit" aus (Bouwsma 2005, S. 301). Ulbricht weist darauf hin, dass auf gesellschaftlicher Ebene im 17. Jahrhundert Individualität durch den Aufstieg des fürstlichen Absolutismus und den damit verbundenen Abstieg des Bürgertums zurückgedrängt wird, während sich die Individualisierungstendenz im privaten Bereich fortsetzt, bis im späten 18. Jahrhundert „das Individuum zum Zentrum der Wahrnehmung, des Fühlens und der Reflexion wurde" und „die Autobiographie einen Höhepunkt ihrer Entwicklung" erreichte (2001, S. 110). Auch im 20. Jahrhundert kann man aus gesellschaftswissenschaftlicher Sicht gerade in Deutschland gut beobachten, dass Individualisierungsprozesse nicht geradlinig verlaufen: So folgt auf eine zunehmende Individualisierungstendenz zu Beginn des 20. Jahrhunderts, die sich z. B. in einem erhöhten Autonomieanspruch der Jugendbewegungen zeigt (Gestrich 2001, S. 480 f.) oder auch in der Reformpädagogik der 1920er Jahre, im Nationalsozialismus eine Zeit, in der das Individuum zurücktritt hinter der Orientierung an Volk und Gemeinwohl. In der Nachkriegszeit werden dagegen beide Tendenzen deutlich, zunächst eine Fortsetzung der sogenannten „schwarzen Pädagogik" und eine Verdrängung eigener Bedürfnisse (und auch kriegsbedingter traumatischer Erlebnisse), in den späten 1960er Jahren wiederum eine durch die US-amerikanische *Beat-Generation* der 1950er Jahre inspirierte bildungsbürgerlich dominierte Protestbewegung (Gestrich 2001, S. 483 f.), die sich z. B. im Studentenprotest oder der antiautoritären Erziehung ausdrückt.

In der Soziologie gilt Charles Horton Cooley 1902 als einer der ersten, die das „Selbst" ins Zentrum der Betrachtung rücken. Das „Selbst" bezeichnet bei ihm „Ich", „Mich", „Mein", was die Psychologen seiner Zeit als „empirical self, the self that can be apprehended or verified by ordinary observation" bezeichneten (1902, S. 149, übersetzt: …was die Psychologen […] als empirisches Selbst, das Selbst, das durch gewöhnliche Beobachtung verstanden oder bestätigt werden kann" bezeichneten). Cooleys Betrachtungen wurden von George Herbert Mead (vgl. Kap. 2.1) in der Psychologie weiterentwickelt; in der Soziologie werden sie vom „Symbolischen Interaktionismus" aufgegriffen. Diese Forschungsrichtung geht davon aus, dass die Bedeutung von Dingen und auch des Selbst aus sozialer Interaktion heraus entsteht, den Reaktionen von uns wichtigen anderen Personen und der eigenen Interpretation dieser. Später hat der Soziologe Erving Goffman das „Selbst" in seiner Auseinandersetzung mit dem Thema „self presentation" aufgegriffen (1959)

Die zumindest in Mitteleuropa stattfindenden Prozesse der Individualisierung und „Entgrenzung" lassen den Sozialpsychologen Keupp die Frage stellen, wie viel „Freisetzung" der Mensch verträgt, wie viel „Rahmung" der Mensch braucht (1997, S. 20). Beck und Beck-Gernsheim haben diesen Prozess der Individualisierung für das ausgehende 20. Jahrhundert untersucht. Sie definieren Individualisierung als Herauslösung der „Biographie der Menschen […] aus traditionalen Vorgaben und Sicherheiten, aus fremden Kontrollen und überregionalen Sittengesetzen" (Beck und Beck-Gernsheim 1990, S. 12). Es entsteht eine *Wahl*biografie, die offen ist und entscheidungsabhängig und so „als Aufgabe in das Handeln jedes einzelnen gelegt" wird (ebd., S. 12 f.). Beck und Beck-Gernsheim beschäftigen sich intensiv mit den Chancen und Risiken, die mit den nun notwendigen Selbstentwürfen verbunden sind, und die aufgrund der genannten Individualisierungsprozesse und Entgrenzung unvermeidlich sind: Was sind unsere Bezugskontexte, wenn traditionelle Familienwerte, Religion etc. an gesellschaftlichem Stellenwert verlieren? (lesenswert dazu sind Beck 1986 und Beck und Beck-Gernsheim 1994). Allerdings wird bereits seit Mitte des 19. Jahrhunderts „vor einer Isolierung des Individuums gewarnt" (van Dülmen 2001,

S. 5), Individualisierung einerseits als „Zerstörer sozialen Zusammenlebens"
gesehen, andererseits ein „Verlust an Individualität befürchtet" (ebd., S. 5). Der
Soziologe Simmel weist auf das Wechselspiel zwischen Nivellierungstendenzen
und zunehmendem Persönlichkeitsbewusstsein hin (Simmel 1992, S. 846 f.). Da
es nicht nur im persönlichen Bereich, sondern auch im gesellschaftlichen Diskurs um die Balance zwischen Individualität und eigenen Interessen auf der einen
Seite, gemeinschaftlichen Interessen und der Zurückstellung eigener Interesse auf
der anderen Seite geht, wird dieser Diskurs nicht nur anhalten, sondern ist meiner
Meinung nach gerade für die Austarierung dieser Balance wichtig.

Keupp sieht im Anschluss an die unter anderem von Beck gezeigte Zunahme
an individueller Entscheidungsfreiheit und Gestaltbarkeit des eigenen Lebens
und der damit verbundenen Entgrenzung ein Entfaltungspotenzial in den
„kommunitären Netzen" (1997, S. 34) sowie einen zunehmenden Facettenreichtum bei der Identitätsbildung (ebd., S. 70). Gergen beschreibt die

> derzeitige Erfahrung [...], daß wir immer stärker Teil eines wachsenden Netz-
> werkes von Beziehungen werden; von direkten zwischenmenschlichen, aber
> auch von elektronischen und solchen ‚aus zweiter Hand'. Auf uns stürmt eine
> ungeheuer schnell wachsende Vielfalt von Wünschen, Optionen, Gelegenheiten,
> Verpflichtungen und Werten ein. Und wir müssen damit leben, daß vieles von dem
> höchst widersprüchlich ist. Dieses neue Bewußtsein mag eine wichtige Vorstufe sein
> für eine höhere, besser entwickeltere Art, als Beziehungs-Mensch zu leben. Wir
> erkennen die Vergeblichkeit von ‚Autonomie' und die Grenzen logischer Kohärenz,
> und allmählich lernen wir es schätzen, in die Vielfalt kultureller Sinn-Systeme ein-
> gebunden zu sein, die uns untereinander verbinden. (Gergen 1994, S. 36)

Während dieser „Facettenreichtum" zumindest in der Sozialpsychiatrie früher
als Rollenkonflikt und -überlastung gesehen wurde, wird die Zunahme von
Rollenkomplexität inzwischen eher als gesundheitsfördernd gesehen sowie als
Ressource einer Person zur Stärkung ihrer existentiellen Sicherheit und Stärkung
des eigenen positiven Selbstwertgefühls (Keupp 1997, S. 72).

In der Soziologie und den Gesellschaftswissenschaften muss weiterhin
zwischen dem Bezugskontext unterschieden werden, auf den sich Theorien
des Selbst beziehen: Theoriekonzepte, die sich auf eine historische Epoche,
die Gesellschaft oder Kultur beziehen, bezeichnet man als Theorien der
Ebene des Makro-Kontexts. Diejenigen, die sich mit den Bereichen Familie,
Schule, Nachbarschaft oder Sozialisationsprozessen auseinandersetzen, sind
Theorien der mittleren Ebene (Meso-Kontext). Theorien der Mikro-Ebene
beziehen sich dagegen auf alltägliche Situationen und Momentaufnahmen
(Oysermann et al. 2012, S. 76). Auf der Makro-Ebene haben beispielsweise

die bürgerliche Emanzipationsbewegung und die der Arbeiterschaft ebenso den Individualisierungsprozess vorangebracht wie die Frauenbewegung, aber auch gesellschaftliche Krisen, die zum Nachdenken über das eigene Leben anregen (van Dülmen 2001, S. 6). Auf der Meso- und Mikro-Ebene zeigt sich der Individualisierungsprozess im 20. Jahrhundert unter anderem in den gesellschaftlichen Werten bei der Kindererziehung; auch Kindern und Jugendlichen wird nun zunehmend mehr Entscheidungskompetenz über das eigene Leben zugestanden (Gestrich 2001, S. 465).

Auf das eigene Selbstkonzept und Selbstbild bezogen bedeutet diese gesellschaftliche Entwicklung zunehmender Individualisierung nicht nur die oben dargestellten Möglichkeiten und Freiheiten bei der eigenen Lebensplanung mit den dazugehörigen Selbstentwürfen, sondern auch das Gezwungensein dazu (vgl. Beck und Beck-Gernsheim 1994). Das Individuum bewegt sich dabei in einem Spannungsfeld der eigenen Wahl- und Ausdrucksmöglichkeiten auf der einen Seite und dem menschlichen Wunsch nach Zugehörigkeit auf der anderen Seite: Zugehörigkeit findet in der individualisierten Gesellschaft nicht mehr „automatisch" statt, sondern muss erst geschaffen werden.

Einer der stärksten Einflussfaktoren, denen ein Mensch ausgesetzt ist, ist der seiner Zugehörigkeit zu einer Kultur. „Die Mitglieder von Kulturen teilen Einstellungen, Normen und Werte, sog. kulturelle Schemata, die das Individuum in den jeweiligen Kulturen von frühster Kindheit an in einem lebenslangen Prozess prägen" (Roeder 2003, S. 11). Es ist also nicht unerheblich, sich auch die kulturellen Einflüsse zu vergegenwärtigen, unter denen wissenschaftliche Theorien entstanden sind.

Bei den im vorigen Kapitel dargestellten Wissenschaftsrichtungen der Psychologie und Gesellschaftswissenschaften handelt es sich um Wissenschaften, die in der europäisch-westlichen Kultur entstanden sind und daher stark von diesem kulturellen Umfeld geprägt sind. Widmet man sich dagegen – wie z. B. die Wissenschaftsrichtung der Ethnologie – der Herangehensweise an das Thema aus dem Blickwinkel von Kulturen außerhalb des europäisch-westlichen Kontexts, wird im Gegensatz zur traditionellen europäischen Geschichtsschreibung „der historischen Wirksamkeit von Einzelpersonen […] wenig Beachtung geschenkt" – unter anderem, weil Einzelne in den der Ethnohistorie zur Verfügung stehenden Quellen[1] selten beschrieben werden (Wernhart 1988, S. 230). Das einzelne Individuum ist in diesen Gesellschaften weniger wichtig als die Rolle und Funktion, die dieses Individuum für die Gesamtgruppe hat.

---

[1]Die klassische Ethnologie hat sich mit kulturellen Gemeinschaften beschäftigt, die sich häufig durch Schriftlosigkeit auszeichnen. Demzufolge liegen hier in der Regel keine schriftlichen Quellen, sondern mündliche im Sinne der oralen Tradition, also der mündlichen Weitergabe wichtiger Ereignisse, vor.

3.1   …in individualistischen Gesellschaften

Ein Merkmal unserer europäisch-westlichen Kultur besteht darin, dass sie zu den sogenannten *individualistischen Gesellschaften* gehört. In diesen Gesellschaften geht man von einem Gesellschaftskonzept aus, das dem einzelnen Menschen, dem Individuum, einen hohen Stellenwert beimisst. Wir leben in einer Gesellschaft, in der jede Einzelne einen relativ großen Handlungsspielraum besitzt, z. B. eine von verhältnismäßig wenigen Einschränkungen begrenzte Wahlfreiheit bei der eigenen Berufswahl. Die bereits dargestellte starke Ausrichtung auf das Individuum ist Ihnen beispielsweise bekannt durch das Sprichwort: „Jeder ist seines Glückes Schmied" – mit allen Vor- und Nachteilen, die diese gesellschaftliche Orientierung mit sich bringt. Bei dieser individualistischen Perspektive liegt der Fokus häufig auf dem *Unterschied* zwischen mir und den Anderen, dem, was mich im Vergleich zu Anderen besonders auszeichnet. In den sogenannten *kollektivistischen Gesellschaften,* auf die ich im folgenden Abschnitt näher eingehe, steht dagegen die Verbindung mit den Anderen, das *Gemeinsame* im Vordergrung (Oysermann et al. 2012, S. 71).[2]

3.2   …in kollektivistischen Gesellschaften

Bei den sogenannten *indigenen Völkern* und auch in östlich geprägten Kulturen findet eine wesentlich stärkere Ausrichtung auf die Gemeinschaft statt: Dies betrifft die eigene (Groß-)Familie, gesellschaftliche Schichten, das Unternehmen, in dem jemand tätig ist, aber auch Religionsgemeinschaften oder die Orientierung an der eigenen Nation oder Stammesgruppe. In diesen sogenannten *kollektivistischen Gesellschaften* bestimmt nicht das einzelne Individuum die orientierungsgebenden Werte, sondern die jeweilige Gemeinschaft. Es geht also um eine möglichst enge Bindung an und Integration in die Gruppe. Dies hat zur Folge, dass dem Individuum Entscheidungen „weitgehend abgenommen werden", „die Harmonie in den Beziehungen" sowie die Verinnerlichung der kulturellen Werte im Vordergrund stehen (Oerter 1999, S. 187).

---

[2]Die Unterscheidung von individualistischen und kollektivistischen Kulturen gehört zu den häufig gewählten Unterscheidungsmerkmalen kultureller Variabilität von Theoretikern verschiedener Fachrichtungen. Gudykunst und Ting-Toomey geben darüber einen guten Überblick (1988, S. 40 ff.).

Die eigene Wahrnehmung ist daher wesentlich stärker als in individualistischen Gesellschaften davon geprägt, welcher Familie jemand angehört, in welchem Unternehmen man arbeitet, welcher *Kaste* man angehört, oder durch die eigene ethnische Zugehörigkeit[3]. Je nachdem, in welcher Situation man sich gerade befindet, steht dabei mal die eigene Identifizierung mit der einen Gruppierung stärker im Vordergrund, mal mit der anderen. So schreiben z. B. Pfab und Döppner, dass es in Kenia circa 42 verschiedene Ethnien gibt mit jeweils eigener Sprache, Bräuchen, Gerichten und anderem. Diese ethnische Zugehörigkeit ist wesentlich für die Wahrnehmung der eigenen Identität. „Nach außen und besonders in Konflikt- oder Bedrohungssituationen von außen sprechen die Menschen jedoch eine Sprache und sehen sich als ein Volk, das auch gemeinsam agiert. Das heißt, dass Kenianer einen fließenden Übergang schaffen zwischen dem, was sie als ethnische Identität und Landesidentität sehen. Sie können diesen flexiblen Wechsel jeden Tag ohne Probleme leben und sich ohne groß darüber nachzudenken von einer Identität zur anderen bewegen" (Pfab und Döppner 2019, S. 240). Es handelt sich bei diesem Identitätskonzept also weniger um Polaritäten als vielmehr um Dimensionen, auf denen man sich – kontext- bzw. situationsabhängig – an der einen oder anderen Stelle verortet. Dies gilt auch für meine folgenden Ausführungen zu Unabhängigkeit und Autonomie des Selbst.

Der selbst-reflexive Blick richtet sich in kollektivistischen Gesellschaften weniger auf individuelle Wünsche und selbst gewählte Ziele als auf Traditionen, denen jede Einzelne verpflichtet ist, auf bestimmte gesellschaftliche Rollen und Funktionen, die das einzelne Individuum ausfüllen muss. „Man denkt und handelt gewissermaßen für andere mit, und andere denken und handeln für einen selbst mit" (Oerter 1999, S. 187). Das eigene Selbstbild orientiert sich daher häufig an dem eigenen Beruf und dem gesellschaftlichen Stellenwert, der mit diesem Beruf in der eigenen Gemeinschaft verknüpft ist, an dem Ansehen der eigenen Herkunftsfamilie oder auch der Familie, in die jemand eingeheiratet hat[4], oder – wenn die Altersvorsorge nicht wie z. B. in Deutschland durch eine staatliche Absicherung gegeben ist – häufig auch an der für das eigene Überleben im Alter zwingend notwendigen Anzahl der Kinder, bzw. Söhne.

---

[3]Roeder weist auf mehrere Studien hin, die darauf hinweisen, dass Angehörige einer Minoritätsgruppe sich selbst stärker durch die eigene Zugehörigkeit zu dieser Gruppe definieren als die entsprechende Majoritätsgruppe (2003, S. 18).

[4]In kollektivistischen Gesellschaften finden daher häufig auch arrangierte Heiraten statt der im europäisch-westlichen kulturellen Umfeld favorisierten individualistischen Liebesheirat.

Während in der westlich kulturell geprägten Sicht sich „das Individuum [..] gegenüber seiner Umwelt als verschieden erfährt und abhebt, wird in nicht-westlichen Kulturen die Einheit des Kosmos betont. Mensch und Umwelt haben die gleiche Substanz. Der Mensch erfährt seinen Sinn durch die Bezogenheit zu anderen und zum Ganzen" (Oerter 1999, S. 186). Markus und Kitayama bezeichnen dieses Selbstbild als „interdependent self", ein Selbst, das sich in Beziehung zu Anderen und zu dem es umgebenden Kontext verflochten sieht. Es unterscheidet sich darin von dem in westlichen Gesellschaften vorherrschenden Bild des „independent self" als eigenständigem, autonomen Selbst (1991, S. 224 f.) „Hier betrachtet sich das Individuum als getrennt und verschieden von anderen Menschen und definiert sich durch seine einzigartigen Eigenschaften, Fähigkeiten oder Einstellungen" (Roeder 2003, S. 7). Andere Personen dienen dem unabhängigen Selbst als „Quelle für Selbstbewertungen, die als Vergleichsstandards für die eigene Selbstkonstruktion dienen" (ebd., S. 14).

Oerter verdeutlicht dies am unterschiedlichen Umgang mit dem Autonomie-Begriff: Angehörige westlicher Kulturen verstehen Autonomie als (Bestreben nach) Unabhängigkeit, während Angehörige östlicher Kulturen die Bezogenheit zu Familienangehörigen und gesellschaftlichen Anforderungen in ihr Autonomieverständnis integrieren. „Während im Westen Autonomie eher als Aufgabe gesehen wird, unabhängig zu handeln, heißt Autonomie in östlichen Kulturen nun, auch allein und ohne fremde Hilfe so zu handeln, wie es die Gesellschaft wünscht und wie es die Harmonie der Gruppe erfordert" (1999, S. 193). Persönliche Ziele werden in östlichen Kulturen daher mit den Zielen der Gruppe abgestimmt. „Autonom ist man in östlichen Kulturen, wenn man die eigene psychische Struktur so handhabt, daß sie den gesellschaftlichen Anforderungen gerecht wird, ohne bei diesem Anpassungsprozeß unglücklich zu sein. Glücklich in westlichen Kulturen kann man hingegen nur werden, wenn man eigene Ziele durchsetzt und verwirklicht" (ebd., S. 193). Bei aller Vorsicht, die meiner Ansicht nach mit dem Glücksbegriff und Streben nach Glück geboten ist, bringt Oerters Darstellung hier wesentliche Unterschiede des Selbstkonzepts Angehöriger individualistischer (hier: westlicher) Kulturen und des Selbstkonzepts Angehöriger kollektivistischer Kulturen zum Ausdruck. Die Selbstkonstruktion in individualistischen Kulturen beruht folglich eher auf *autonomen Selbstwissen,* eigenen (!) Gedanken, Gefühlen und Verhaltensweisen, während sie in kollektivistischen Gesellschaften eher auf *sozialem Selbstwissen* beruht wie Rolle, Status oder anderen sozialen Zugehörigkeitsmaßstäben (Roeder 2003, S. 15 f.).

Entstehung von Selbst- und Fremdbildern

4

Vor diesem Hintergrund wissenschaftlicher Herangehensweisen und den gesellschaftlich und kulturell beeinflussten Bedingungen derselben sind Sie nun dazu eingeladen, sich die spezifischen Faktoren bei der Bildung unserer Selbst- und Fremdbilder anzuschauen. Wenden wir uns daher zunächst der menschlichen Wahrnehmung zu, da sie die Voraussetzung bildet, uns überhaupt Eindrücke, Bilder und Meinungen unserer Umgebung und natürlich auch von uns selbst und Anderen machen zu können.

4.1 Wie nehmen wir eigentlich uns und die Anderen wahr?

Wahrnehmung ist immer selektiv; wie durch einen Filter dringen bestimmte Dinge in unser Bewusstsein vor – sie werden wahrgenommen -, während andere ausgeblendet werden, also nicht-wahrgenommen werden. Dies ist nicht nur nützlich, sondern auch notwendig, weil wir andernfalls so vielen Eindrücken ausgesetzt wären, dass wir diese gar nicht mehr verarbeiten könnten und nicht nur überreizt und gestresst, sondern auch handlungsunfähig wären. Andererseits beinhaltet dieser Wahrnehmungs-Filter auch „Fallstricke", weil wir manchmal wichtige Dinge übersehen und nicht-wahrnehmen und die Selektivität unserer Wahrnehmung häufig zu Missverständnissen führt (vgl. Abschn. 5.3).

Sie können das zum Beispiel selber einmal ausprobieren, wenn Sie Menschen fragen, welches Tier sie beim Wort „Tier" als erstes vor Augen haben. Die Antworten werden vielfältig ausfallen, abhängig von der persönlichen Umgebung oder der kulturellen Herkunft eines Menschen. In unserem Kulturkreis gehören Hund oder Katze zu den am häufigsten genannten Tieren. Dies könnte zum Bei-

spiel daran liegen, dass Hund und Katze auch die häufigsten Haustiere hierzu-
lande sind und daher ihren Besitzerinnen besonders präsent vor Augen sind.
Befinden Sie sich dagegen auf einer Urlaubsreise und haben erst gestern einen
Kamelritt unternommen, ist die Wahrscheinlichkeit groß, dass Ihnen das Kamel
als erstes einfällt, wenn Sie das Wort „Tier" heute (!) hören.

Möglicherweise sind Ihnen auch „Lückentexte" bereits begegnet, Txte, bi deen
enzle Buhsabn fhln, ud di wr trzdm lsn ud vrsthn knnn. Unser Gehirn ergänzt
automatisch fehlende Buchstaben aufgrund bereits bekannter Wörter. Ninio weist
darauf hin, dass deswegen nicht nur so viele Druckfehler unbemerkt bleiben,
sondern auch umgekehrt ein Wort zu einem „bizarren Objekt" wird, wenn man
es Buchstabe für Buchstabe liest: Die Buchstabenfolge erscheint nun willkürlich,
sodass man ins Zweifeln gerät, was das Wort eigentlich bedeutet (1998, S. 37).

Ein weiteres Beispiel bieten die laut Ninio bereits im 19. Jahrhundert überaus
beliebten optischen Täuschungen (s. Abb. 4.1 und 4.2):

Abb. 4.1 Der Zylinderhut sieht höher aus als breit – so haben Experimente
im 19. Jahrhundert gezeigt, dass Personen, die gebeten wurden, die Höhe des
Zylinderhuts vom Boden aus gemessen an der Wand zu markieren, fast immer
einen Höhenunterschied von mindestens 25 % markiert haben (s. Abb. rechts).

Abb. 4.1 Zylinderhut-Täuschung (Ninio 1998, S. 28)

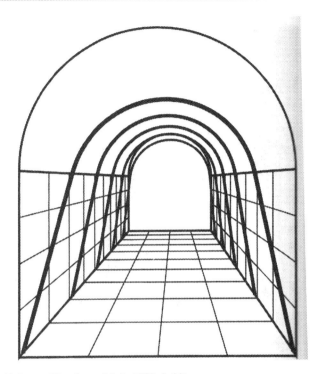

Abb. 4.2 Torbogen-Täuschung (Ninio 1998, S. 32)

Tatsächlich ist die Breite (Abstand zwischen A und B) jedoch größer als die Höhe (Abstand zwischen C und D) (s. Abb. links) (Ninio 1998, S. 28)[1].

Abb. 4.2 Die Bögen über die Tunnelwände stehen parallel zueinander; sie sehen jedoch steiler (senkrechter) aus, je weiter weg sie sind (Ninio 1998, S. 32).

Hier haben Sie bereits einen ersten Hinweis darauf, wodurch die menschliche Wahrnehmung beeinflusst wird, nämlich von eigenen Erfahrungen, Werten,

---

[1]Laut Ninio erschien der oben abgebildete Stich (linke Abb.) zunächst in einem „Neuigkeiten-Journal", dessen Name nicht bekannt ist, und dann 1890 in „La Nature"; die Abbildung rechts erschien laut Ninio 1885 in „Science et Nature" im Beitrag: „Aberration du sens de la vue" (übersetzt: „Ein Irrtum des Gesichtssinnes"; 1998, S. 28).

Gefühlen und vielem mehr. Auf dieser Grundlage stellt unser Gehirn bestimmte Zusammenhänge her, machen wir uns ein „Bild", bilden wir uns eine Meinung über jemanden, eine bestimmte Sache oder Situation. Wahrnehmung ist daher immer subjektiv, sie unterscheidet sich von den Wahrnehmungen Anderer.

Unsere Umwelt, erlebte Situationen sind so komplex, dass wir nicht alles wahrnehmen können, sondern reduzieren müssen, vereinfachen. Wir orientieren uns dabei an uns bekannten Mustern und für uns wichtigen Informationen – wir schaffen uns auf diese Weise quasi unsere eigene Welt (in der Wissenschaft als Konstruktivismus bezeichnet).

Die Konstruktionselemente, die wir dabei benutzen, sind unter anderem Persönlichkeitseigenschaften (arrogant, eitel, hilfsbereit), Typisierungen (Macho, Streber, Weichei), Modelle (Held, Looser) und andere mehr.

Wir nehmen jedoch nie nur einzelne Aspekte eines Menschen wahr, sondern integrieren einzelne Wahrnehmungen in komplexe Zusammenhänge und arbeiten aus einzelnen Wahrnehmungen solche Zusammenhänge heraus. Wir verarbeiten Konstruktionselemente durch Selbstbestätigungen, Unterstützungen, Generalisierungen, Rechtfertigungen, Plausibilisierungen, Verdrängungen störender Informationen und andere Aktivitäten der Sinnfindung.

Wie wir Andere wahrnehmen, ist also wesentlich geprägt von unserer eigenen Verarbeitung dessen, was wir wahrnehmen (oder eben gerade nicht wahrnehmen). In gewisser Weise sagt die Wahrnehmung eines Menschen daher manchmal mehr über denjenigen aus, der „wahrnimmt", als über denjenigen der „wahrgenommen wird". Dies wird im Folgenden verdeutlicht, wenn wir uns nun anschauen, was alles zur Konstruktion unserer Selbst- und Fremdbilder beiträgt.

4.2   Wie entstehen Selbstbilder?

Selbstbilder geben uns ein Bewusstsein unserer eigenen Identität, darüber, wer wir sind. Unsere Identität setzt sich dabei zusammen aus Wesenszügen und Charaktereigenschaften, sozialen Beziehungen, Rollen und der Zugehörigkeit zu sozialen Gruppen und gibt uns so eine Orientierung und trägt zu unserem eigenen Selbstkonzept, also wie wir uns selbst verstehen, bei (Oysermann et al. 2012, S. 69).

Selbstbilder sind *kognitive Strukturen* (ebd., S. 72), die durch Erfahrungen, die wir machen, Ideale, Werte und Wünsche, die wir haben, aber auch durch Erzählungen Anderer, wie wir sind und wie sie uns erlebt haben, entstehen. Gerade diese Erzählungen uns nahestehender Menschen („Schon als Kind warst du immer…") gehen bei häufiger Wiederholung irgendwann in unser eigenes Selbstbild ein, auch wenn wir uns gar nicht selbst an die Begebenheiten erinnern können.

Selbstbilder beinhalten nicht nur persönliche Aspekte („ich bin…"), sondern auch Haltungen und Einstellungen („mir ist … wichtig") sowie Meinungen über uns (eigene, aber auch die Anderer). Das eigene Selbstbild kann sich an den eigenen Zielen ausrichten und auch dafür sorgen, den eigenen Selbstwert zu schützen (ebd., S. 72). Es kann sich auf die Vergangenheit beziehen (wie waren wir früher), die Gegenwart (wie sind wir jetzt) und die Zukunft (wie möchten wir sein oder wie befürchten wir zu werden). Es beinhaltet neben Gesichtspunkten der *persönlichen Identität* Momente der *sozialen Identität* wie die eigene Ethnizität, *gender* (also das soziale – und nicht das biologische – Geschlecht)[2], Alter, beruflichen Status, kulturelle Traditionen und vieles mehr. Nach Tajfel spielt das Wissen über die eigene Gruppenzugehörigkeit, die Gefühle, die mit der Zugehörigkeit zu dieser Gruppe verbunden sind, und die Einschätzung des Status', den diese Gruppe im Vergleich mit anderen Gruppen besitzt, für das Selbstbild eine wesentliche Rolle (Tajfel 1981). Laut Tajfel unterscheiden sich Menschen in dem Ausmaß persönlicher und sozialer Identitätsmerkmale in ihrem Selbstbild. Für manche Menschen spielen Merkmale der kollektiven Zugehörigkeit eine wesentliche Rolle (z. B.: „Ich als Rheinländer…"), für andere sind persönliche Merkmale wesentlicher für ihr Selbstbild (z. B.: „Ich als gründlicher Mensch…") (ebd., passim).

Auch *Rollen-Identitäten* spielen bei der Entstehung und (Weiter-)Entwicklung des eigenen Selbstbilds eine Rolle: Sie tragen dem Umstand Rechnung, dass das eigene Selbstbild situations- und rollenabhängig ist, d. h. dass man sich als Mutter/Vater anders sieht und sein Handeln anders beurteilt als in seiner Berufsrolle oder als Mitglied des Sportvereins oder der Religionsgemeinde.

Wie Sie in Abschn. 4.1 bereits gelesen haben, nehmen wir dabei Informationen, die entweder besonders relevant für uns sind oder besser in unser bereits bestehendes Selbstbild passen, schneller und leichter wahr als diejenigen, die uns unwichtig sind oder nicht in unser bestehendes Selbstbild passen. Unser Handeln richtet sich also an unserem Selbstbild aus (Oysermann et al. 2012, S. 73). Beispiele dazu finden Sie in Kap. 5 dieses *essentials*.

---

[2]Gerade bei der Entstehung von Selbstbildern spielen gesellschaftliche Männer- bzw. Frauenbilder eine maßgebliche Rolle. Ein Überblick über die gesellschaftlich vermittelten Frauen- und Männerbilder im geschichtlichen Wandel und deren anhaltende Wirksamkeit zum Beispiel auf heutige Attraktivitätsstandards findet sich bei Richter-Reichenbach (1996). Wie sehr übermittelte geschlechtsspezifische Rollenzuschreibungen, ergänzt durch medial vermittelte Schönheitsideale die Entstehung eigener Selbstbilder prägen, ist unverkennbar. Eine Darstellung in der gebotenen Ausführlichkeit sprengt leider den Rahmen dieses *essentials*.

Identitäten in diesem Sinne sind also wandelbar, selbst konstruiert im jeweiligen Moment. Unser Selbstverständnis bietet so einerseits einen „stabilen Anker", ist aber dennoch dynamisch, das heißt es kann abhängig vom jeweiligen Kontext und der aktuellen Situation, in der wir uns befinden, unterschiedlich sein (ebd., S. 70) und lässt Veränderungen zu. Weil wir die Fähigkeit besitzen, mehrere Zeiten in unsere Selbstreflexion ebenso einzubeziehen wie mehrere Perspektiven, können wir uns selbst nach mehreren Standards beurteilen.

4.3   Wie entstehen Fremdbilder?

4.3.1   Fremdbilder, die wir uns von Anderen machen

Zunächst gehe ich hier darauf ein, wie die Bilder entstehen, die wir uns von Anderen machen. Worauf stützen wir uns dabei, was ist besonders prägend?

Wissenschaftlich nachgewiesen ist, dass der erste und der letzte Eindruck besonders im Gedächtnis bleiben. Sie sind folglich besonders prägend für das eigene Fremdbild. Aber auch die Reihenfolge (Sequentialität) der Informationen, die wir über Andere erhalten, bestimmt unsere Sichtweise über diejenigen.

So hat der Psychologe Solomon Asch schon 1946 folgendes Experiment beschrieben: Gegeben sind zwei Personen, A und B. Person A ist intelligent, fleißig, impulsiv, kritisch, widerspenstig und neidisch. Person B ist neidisch, widerspenstig, kritisch, impulsiv, fleißig und intelligent. – Die Versuchspersonen bezeichneten Person A anschließend als „intelligent", Person B dagegen als „problematische Persönlichkeit". Tatsächlich wurden in der Aufgabenstellung jedoch beide Personen mit identischen Attributen beschrieben, aber in unterschiedlicher Reihenfolge (Asch 1946, S. 258 ff.). Dies hängt mit dem sogenannten „halo effect[3]" zusammen, der die Wahrnehmungstendenz beschreibt, sich sehr schnell umfassende Meinungen zu bilden, die oft nur auf

---

[3]Der Begriff „halo Effekt" (halo = Heiligenschein, aber auch Mondhof [auf den das Licht des Monds abstrahlt]) geht auf den Psychologen Edward Thorndike zurück und bezeichnet den von Thorndike bei der Beurteilung von Soldaten im Ersten Weltkrieg durch ihre Offiziere festgestellten Effekt, nach dem einzelne Merkmale so dominant waren, dass sie die weitere Beurteilung (fälschlicherweise) beeinflussten. So werden üblicherweise Menschen positiver beurteilt, wenn sie als attraktiv wahrgenommen werden, als diejenigen mit den gleichen Persönlichkeitseigenschaften oder Leistungen, die als unattraktiv wahrgenommen werden.

einer Eigenschaft basieren: So neigen wir dazu, zum Beispiel einen intelligenten Menschen automatisch für erfolgreich und fleißig zu halten (Hogshead 2014, S. 66).

Desweiteren werden Fremdbilder von impliziten Persönlichkeitstheorien geprägt. Implizite Persönlichkeitstheorien bezeichnen die Tatsache, dass wir aus Eigenschaften stillschweigend („implizit") weitere Eigenschaften folgern. So wird einem „freundlichen" Menschen häufig automatisch Hilfsbereitschaft unterstellt, während wir jemandem, den wir als „kalt" wahrnehmen, oft auch Arroganz und Berechnung zuschreiben. Da dies in der Regel stillschweigend – also implizit – geschieht, ohne dass wir uns dieser Tatsache in der Situation selbst bewusst sind, spricht man hier von impliziten Persönlichkeitstheorien.

Einen weiteren Beitrag zur Entstehung unserer Fremdbilder bilden sogenannte Akzentuierungen: Eindrücke, die besonders gut in unser bereits bestehendes Bild einer Person passen, nehmen wir besonders deutlich wahr, über- oder unterdeutlich. Wir verleihen dem Bild, das wir uns von anderen machen, eine besondere Kontur und einen deutlichen Kontrast. So ist jemand unserer Ansicht nach nicht „ein bißchen arrogant", sondern „total arrogant" etc. Auch wenn die Wörter „immer" und „nie" in Beschreibungen anderer Menschen auftauchen, ist dies ein Hinweis auf Akzentuierungen im Fremdbild der Sprecherin.

Eng mit der Akzentuierung ist das Phänomen der Zentralität verknüpft, das ebenfalls einen Beitrag zur Entstehung von Fremdbildern leistet: Zentralität bezeichnet die Tatsache, dass wir besonders die Eigenschaften wahrnehmen, die für uns sehr wichtig sind, also gerade „zentral" für uns sind. So nehmen beispielsweise schwangere Frauen Kinderwägen besonders deutlich wahr, die ihnen in der Stadt begegnen. Oder vielleicht haben Sie während Renovierungsphasen einen geschärften Blick für schlecht gestrichene Wände oder ausgefallene Tapeten.

Ein weiterer Aspekt bei der Entstehung von Fremdbildern wird von Stereotypen gebildet. Stereotypen bezeichnen die Orientierung an uns bekannten Dingen und Einschätzungen. Stereotypen sind beispielsweise Vorurteile, die wir bestimmten Eigenschaften oder Menschen aufgrund einer in der Vergangenheit gemachten Erfahrung mit einer Person derselben Kategorie zuschreiben: Wenn beispielsweise der frühere Abteilungsleiter gut aussehende Kolleginnen bevorzugt hat, schreiben Sie diese Eigenschaft auch dem neuen Abteilungsleiter Ihrer Freundin zu, wenn diese von ihm erzählt – auch wenn dieser Abteilungsleiter ganz andere Schwerpunkte bei der Mitarbeiter/-innenauswahl hat. Stereotype bezeichnen also die „Schubladen", in die man jemanden steckt. Sie vereinfachen die Wahrnehmung, Urteilsbildung und Interaktion mit Anderen.

Bei der Entstehung von Fremdbildern spielen weiterhin Identifikationen eine wesentliche Rolle. Identifikation ist die stillschweigende (also unbewusste) Übertragung unseres eigenen Bildes auf Andere. Dies geschieht, indem wir auf unser eigenes Selbstbild und unsere eigenen Erfahrungen zurückgreifen, z. B.: „Als ich in der neuen Firma angefangen habe…", gefolgt von Ratschlägen, was uns in dieser speziellen Situation den Berufseinstieg erleichtert hat. Unser eigenes Selbstverständnis ist uns dabei so selbstverständlich, dass wir gar nicht auf die Idee kommen, dass Andere anders als wir selbst sein könnten, die Organisation unserer Freundin nicht mit unserer Firma vergleichbar ist.

Zuletzt möchte ich Ihnen noch ein häufig anzutreffendes Phänomen bei der Bildung unserer Fremdbilder vorstellen, die sogenannte Projektion. Unter Projektion versteht man den psychologischen Mechanismus, Anteile des eigenen Selbst, die mit dem eigenen Selbstbild nicht vereinbar sind, auf Andere zu übertragen und dort negativ zu bewerten. Wenn uns z. B. unsere Gesprächspartnerin auf die Nerven geht, weil sie so dominant ist, dass sie uns kaum zu Wort kommen lässt, könnte (!) es sein, dass wir einer Projektion unterliegen: Wenn dominant zu sein und andere nicht ausreden lassen können zu unseren eigenen – ungeliebten – Eigenschaften gehört, können wir unserer Verachtung dieser Eigenschaft gegenüber Ausdruck verleihen, wenn wir sie an unserem Gegenüber „entdecken", ohne uns selbst mit unserer Kritik zu treffen.

4.3.2 Fremdbilder, die Andere sich von uns selbst machen

Was nun die Fremdbilder betrifft, die Andere sich von uns selbst machen, werden diese *von Anderen* in der gleichen Weise gebildet, in der wir unsere Bilder von Anderen bilden. D. h. die oben genannten Muster gelten auch für die Bilder, die Andere sich von uns machen. – Eine Schwierigkeit bei dieser Art Fremdbilder ist, sie überhaupt mitgeteilt zu bekommen. Oft behalten Menschen ihre Einschätzungen über Andere für sich, besonders, wenn sie ihr Gegenüber verletzen könnten. In der Tat ist die Wahrscheinlichkeit hoch, dass Menschen mit geringem Selbstbewusstsein bereits kleinere Kritikpunkte als grundlegend negative Einschätzung ihrer selbst einstufen (Wallace und Tice 2012, S. 125).

Wenn wir uns noch einmal vergegenwärtigen, welche Mechanismen wirksam werden bei der Bildung von Fremdbildern, lohnt es sich z. B. bei einem Feedback, aber auch bei einer Rückmeldung, die wir von einer anderen Person im Rahmen eines Konfliktgesprächs erhalten, darüber nachzudenken, welche uns unbekannten eigenen Anteile offenbar vorhanden, uns aber bislang selbst verborgen geblieben sind, und welche uns von unserem Gegenüber zugeschriebenen Anteile eher mit der Wahrnehmung und der Person derjenigen zu tun haben, die zur Entstehung *ihres* Bildes von uns geführt haben.[4] Vielleicht kennen Sie den Satz des Philosophen Baruch de Spinoza: „Das was Paul über den Peter sagt, sagt mehr über den Paul aus als über den Peter", der diesen Aspekt treffend zusammenfasst.

Warum dies so ist, hat mehrere Gründe, insbesondere, da der Einfluss unserer Selbstbilder auf die Beurteilung sozialer Situationen bzw. anderer Menschen meist automatisch und daher unbewusst geschieht. Dies kann z. B. an der Tendenz liegen, die Übereinstimmung der eigenen Wahrnehmung mit der Wahrnehmung von Anderen zu überschätzen. Auch neigen Menschen dazu, sich selbst für „durchschaubarer" zu halten, als sie es in der Regel sind. Dies kann z. B. dazu führen, dass Sie davon ausgehen, dass Ihre eigenen Gefühle für Ihr Gegenüber offensichtlich sind („Er kennt mich doch, er muss doch wissen, dass ich…") (Wallace und Tice 2012, S. 126).

Wenn diese Fremdbilder, die sich Andere von uns machen, wiederum unser eigenes Selbstbild beeinflussen und in dieses eingehen (siehe oben), bezeichnet man diesen Prozess als *reflektive Selbsteinschätzung* („reflected self-appraisal") (ebd., S. 124). Dieser Prozess unterliegt den gleichen Mechanismen, die schon bei der Bildung unseres eigenen Selbstbilds aufgezeigt wurden. Konkret heißt das z. B., dass Sie möglicherweise Informationen, die Sie von Anderen über sich erhalten, zurückweisen oder herunterspielen, wenn diese nicht mit Ihren eigenen Erwartungen oder Vorlieben übereinstimmen (ebd., S. 125). Dies kann übrigens sowohl bei negativen Feedbacks als auch bei positiven der Fall sein („Das war doch selbstverständlich!", oder bei einem Kompliment zur eigenen Kleidung: „Das hab' ich doch schon vorletztes Jahr im Schlussverkauf ganz billig bekommen!"). Sinclair und ihre Kolleg/innen haben darüber hinaus herausgefunden, dass Einschätzungen, die Menschen von uns abgeben, die wir persönlich nicht schätzen, nicht nur von uns zurückgewiesen werden, sondern sogar einen gegenteiligen Effekt haben können (2005, S. 161) – so könnte zum Beispiel eine Schülerin, die von ihrer (nicht geschätzten) Lehrerin ein Kompliment für ihre Hilfsbereitschaft erhält, sich in Zukunft gerade nicht mehr hilfsbereit verhalten, um sich von der nicht geschätzten Lehrerin zu distanzieren.

Ein Beispiel für den positiven Einfluss von Fremdbildern auf das eigene Selbstbild ist der sogenannte *Michelangelo-Effekt,* der beschreibt, wie sich einander nahe stehende Partner hinsichtlich des von ihnen gewünschten Ideal-

---

[4]Nothdurft weist bei seinen Untersuchungen zu Schlichtungsgesprächen auf „Feindbeobachtungen" hin, die dazu dienen, das eigene (negative) Bild der Streitgegnerin „auf der Folie der eigenen Subjektiven Konflikt-Organisation" so zu interpretieren, dass genau diese Sichtweise bestätigt wird (1998, S. 158).

bilds des Anderen beeinflussen: Indem man seinen Partner so behandelt, als habe er bereits die gewünschten Eigenschaften, gewinnt dieser das Gefühl, diese Eigenschaften bereits zu haben und beginnt sich in Übereinstimmung mit diesen Wunsch-Eigenschaften zu verhalten (Drigotas et al. 1999, S. 294 f.).

Eine weitere Tendenz im Umgang mit den Fremdbildern, die Andere uns mitteilen, hat bereits Mead aufgezeigt: Bei der reflexiven Selbsteinschätzung wird Mead zufolge wenig unterschieden zwischen den einzelnen Fremdbildern. Sein *„generalized other"*-Konzept geht davon aus, dass die Fremdbilder, die sich Andere von einem selbst machen, zu einem Ganzen vermischt werden, sodass die Unterscheidung, ob es sich bei einem Feedback zu einem selbst um eine einzelne Einschätzung handelt oder diese von mehreren Personen geteilt wird, keine Rolle mehr spielt (1934, S. 90 u. S. 154 ff.).

Die Rolle von Selbst- und Fremdwahrnehmung in der Arbeitswelt

5

Arbeitssituationen sind stark beeinflusst von der Beziehungsqualität zwischen Kolleginnen; die Beziehungsqualität hängt wiederum stark davon ab, wie man die Kolleginnen sieht und (ein-)schätzt, und wie man sich selbst in einem Arbeitskontext versteht. Selbst- und Fremdwahrnehmung spielt daher in beruflichen Situationen eine maßgebliche Rolle, wie die folgenden Beispiele, bei denen das Thema besonders relevant ist, zeigen.

5.1 Eigene Werte und Rollenverständnis im Berufsleben

Werte spielen eine maßgebliche Rolle bei der Entwicklung des eigenen Selbstbildes. Darüber hinaus leisten die eigenen Wertvorstellungen auch einen wesentlichen Beitrag dazu, wie wir bestimmte Rollen verstehen und wie wir diese ausfüllen möchten. Wenn „Unterstützung Anderer" einen hohen Stellenwert für jemanden hat, kann sich dies zum einen in der Berufswahl ausdrücken (z. B. Lehrerin oder Sozialarbeiter oder Pflegerin), zum anderen wird es auch das Verständnis der eigenen beruflichen Rolle beeinflussen. Auf das Beispiel Lehrerin bezogen könnte dies z. B. bedeuten, dass nicht die Wissensweitergabe im Vordergrund steht, sondern die Gestaltung eines günstigen förderlichen Lernklimas für die Schülerinnen.

Ob sich die Lehrerin in unserem Beispiel als „gute" Lehrerin wahrnimmt, wird daher insbesondere davon abhängen, ob sie selbst den Eindruck hat, ein gutes Lernklima schaffen zu können (und weniger von ihrem eigenen Wissensstand in ihrem Fach). Das eigene Rollen- und Wertverständnis wirkt sich also auf das eigene Selbstbild aus. Umgekehrt beeinflusst das eigene Selbstbild wiederum die

A. Pfab, *Ich und die Anderen,* essentials, https://doi.org/10.1007/978-3-658-31206-0_5

Wahrnehmung der eigenen Rollenausübung: Die Lehrerin, die sich selbst für eine sehr unterstützende Person hält, schätzt das Lernklima in ihrer Klasse möglicherweise höher ein, als dies ihre Schülerinnen tun würden. Weil (!) sie ja sehr unterstützend ist und ein gutes Lernklima für sie einen hohen Stellenwert hat, *muss* das von ihr geschaffene Lernklima in ihren Augen fast zwangsläufig ein gutes sein. Vermutlich wird sie sich übrigens auch bei dem, was sie für ein gutes Lernklima hält, von ihrem eigenen Selbstbild leiten lassen: Was hätte ihr selbst als Schülerin das Lernen erleichtert? Wenn wir uns noch einmal daran erinnern, wie Wahrnehmung gesteuert wird, wird auch deutlich, dass sie mit hoher Wahrscheinlichkeit zunächst ausblenden wird, dass dies für manche ihrer Schülerinnen anders sein könnte.

Nehmen wir nun einmal an, „gute Unterstützung" hätte für unsere Beispiel-Lehrerin zwar einen hohen Stellenwert, der möglicherweise auch zu ihrer Berufswahl Lehrerin geführt hat, sie selbst hält sich jedoch für nicht besonders unterstützend (z. B. durch die elterliche Botschaft, dass sie bei der Beaufsichtigung ihrer kleinen Geschwister der Mutter „keine Unterstützung" gewesen sei, die sie unreflektiert in ihr Selbstbild übernommen hat). Dies wird dazu führen, dass sie ihr persönliches Augenmerk anders als die Lehrerin im vorangegangenem Beispiel nicht auf die Aspekte des von ihr geschaffenen Lernklimas lenken wird, die ihr *gelungen* sind, sondern auf die Aspekte, die zu kurz gekommen sind – oder aber sie wird die gelungenen Aspekte abwerten: „Ach naja, das ist ja selbstverständlich…", „Das hätten die Schülerinnen auch ohne mich geschafft!", „Dass der Notendurchschnitt in der Klasse bei einer zwei liegt, zeigt, dass das Lernklima nicht für den ja durchaus möglichen Einser-Durchschnitt gereicht hat."

Der amerikanische Forscher und Wissenschaftler Steven Reiss hat in einer umfassenden Studie in den USA, Kanada und Japan sechzehn Lebensmotive herausgearbeitet, die – im Gegensatz zu den meisten verhaltensorientierten Persönlichkeitstests – Aufschluss darüber geben, welche persönlichen Werte einen Menschen motivieren und seinem Leben Sinn verleihen (Fuchs und Huber 2005, S. 7 ff.). Diese „Grundwerte" können einen Hinweis für die eigene Berufswahl geben, darüber hinaus auch eine Orientierung im Berufsleben, wodurch jemand besonders gut zu motivieren ist, was seine Entscheidungen und Sichtweisen beeinflusst. Wie unterschiedlich diese von den eigenen Werten bestimmten Sichtweisen sein können und welche Folgen dies für persönliche Begegnungen hat, sehen wir in Abschn. 5.2, der sich mit den Unterschieden zwischen Selbst- und Fremdbild beschäftigt.

5.2   Divergenz zwischen Selbst- und Fremdbild

Steven Reiss hat seine 16 Lebensmotive in einer Tabelle zusammengefasst, welche die jeweilige Eigenwahrnehmung des stark bzw. schwach ausgeprägten Persönlichkeitsmotivträgers seiner Wahrnehmung eines Menschen mit genau gegenteiligen Persönlichkeitsmotiven gegenüberstellt (Tab. 5.1):

Tab. 5.1 "Self Hugging: alltagstypische Verstehenskonflikte bei unterschiedlicher Motivprägung" (nach Fuchs und Huber 2005, S. 144 ff.)

Lebensmotiv	Ausprägung	Selbstwahrnehmung (denkt über sich)	Fremdwahrnehmung (denkt über den gegensätzlich Anderen)
Ordnung	Stark: der Organisierte	Ordentlich, organisiert, kontrolliert	Nachlässig, unorganisiert, ungepflegt
	Schwach: der Flexible	Flexibel, spontan, offen	Perfektionistisch, kümmert sich um triviale Dinge, kontrolliert, streng
Sparen	Stark: der Sammler	Einfach, vorausplanend, wirtschaftlich	Verschwenderisch, unverantwortlich, unklug, gegenwartsfixiert
	Schwach: der Großzügige	Lebensfroh, großzügig	Geldgierig, geizig, billig, selbstverweigernd
Ehre	Stark: der Prinzipientreue	Moralisch, loyal, prinzipientreu, verantwortlich, charaktervoll, pflichtbewusst	Prinzipienlos, unehrenhaft, illoyal, selbstsüchtig, unachtsam, charakterlos
	Schwach: der Zweckorientierte	Praktisch, „wie jeder andere auch"	Selbstgerecht, „Moralapostel"
Idealismus	Stark: der Idealist	Visionär, gerecht, liebevoll, mitfühlend	Selbstsüchtig, herzlos, unsensibel, gefühllos, zynisch
	Schwach: der Realist	Pragmatisch, realistisch	Unrealistisch, „päpstlicher als der Papst", Träumer

(Fortsetzung)

Tab. 5.1 (Fortsetzung)

Lebensmotiv	Ausprägung	Selbstwahrnehmung (denkt über sich)	Fremdwahrnehmung (denkt über den gegensätzlich Anderen)
Beziehung	Stark: der Gesellige	Aufgeschlossen, freundlich, lebenslustig, humorvoll, lebendig	Ungesellig, ernst, steif, zurückgezogen, einsam
	Schwach: der Einzelgänger	Zurückhaltend, privat, ernst	Oberflächlich, anbiedernd, hohl, ausgelassen
Macht	Stark: der Ehrgeizige	Erfolgsorientiert, leistungsmotiviert, Führernatur, hart arbeitend, kraftvoll	Faul, erfolglos, schwach
	Schwach: der Geführte	an Menschen orientiert, lässt sich anleiten	Workaholik, getrieben, wichtigtuerisch, dominant, kontrollierend
Unabhängigkeit	Stark: der Unabhängige	Autonom, frei, voller Selbstvertrauen	Schwach, unreif
	Schwach: der Teamplayer	Liebevoll, vertrauensvoll, anhänglich	Stur, kompromisslos, stolz
Neugier	Stark: der Intellektuelle	Klug, geistvoll, interessant, guter Lehrer	Ignorant, geistlos, langweilig, oberflächlich, dumm, provinziell
	Schwach: der Praktiker	Praktischer gesunder Menschenverstand	Mangel an gesundem Menschenverstand, unpraktisch, durchgeistigt, langweilig, arrogant, hochgestochen, kalt
Anerkennung	Stark: der Unsichere	Versager, Mimose, übersensibel, unreif	Eingebildet, kühl
	Schwach: der Selbstbewusste	Positives Selbstbild, selbstsicher u. selbstbewusst	Unsicher, Mangel an Selbstvertrauen

(Fortsetzung)

Tab. 5.1 (Fortsetzung)

Lebensmotiv	Ausprägung	Selbstwahrnehmung (denkt über sich)	Fremdwahrnehmung (denkt über den gegensätzlich Anderen)
Familie	Stark: der Familienmensch	Fürsorglich, häuslich, verantwortungsbewusst	Selbstsüchtig, unverantwortlich, wird allein alt werden müssen
	Schwach: der überzeugt Kinderlose	Unabhängig, frei	Belastet, angebunden, häuslich
Status	Stark: der Elitäre	Prestige liebend, wichtig, bekannt, prominent, herausragend	Unwichtiger, bedeutungsloser Typ, Prolet, geschmacklos, stillos
	Schwach: der Bescheidene	Bescheiden, demokratisch gesinnt, gerecht, freizügig, unaufgeregt	Angeber, snobistisch, eingebildet, arrogant
Rache	Stark: der Kämpfer	Gewinner, wettbewerbsfähig, aggressiv	Verlierer, „Weichei", unbestimmt passiv
	Schwach: der Kooperative	Friedliebend, kooperativ, nett, verzeihend, Konflikt vermeidend	Aggressiv, will immer gewinnen, zornig, „Wettbewerbshai"
Eros	Stark: der Sinnliche	Ästhet, sinnlich, Romantiker, lustvoll	Prüde, voller Komplexe
	Schwach: der Asket	Tugendhaft, „heilig", selbstkontrolliert	Unkontrolliert, hedonistisch, triebgeleitet, oberflächlich
Essen	Stark: der Esser	Gourmet, hedonistisch, satt	Ungesund, selbstverleugnend
	Schwach: der schwache Esser	Gesund, schlank, willensstark	Ungesund, vergnügungssüchtig, unmäßig, Vielfraß

(Fortsetzung)

Tab. 5.1 (Fortsetzung)

Lebensmotiv	Ausprägung	Selbstwahrnehmung (denkt über sich)	Fremdwahrnehmung (denkt über den gegensätzlich Anderen)
Körperliche Aktivität	Stark: der Sportler	Fit, energiegeladen, kraftvoll, muskulös, athletisch	„Couch potato", faul, schwach, langsam, lustlos
	Schwach: der Stubenhocker	„No sports", „in der Ruhe liegt die Kraft"	Ruhelos, anstrengend, getrieben
Ruhe	Stark: der Ängstliche	Vorsichtig, klug	Unbesonnen, leichtsinnig, gedankenlos, tollkühn
	Schwach: der Robuste	Selbstsicher, (wage) mutig, unerschütterlich, robust	Überängstlich, neurotisch, furchtsam, feige, Bedenkenträger

Sicher können Sie sich vorstellen, dass nicht alle dieser Persönlichkeitstypen gut miteinander arbeiten können. Gerade für Führungskräfte ist es daher wichtig, sich selbst gut zu kennen und sich regelmäßig selbst zu reflektieren, denn „Führungskräfte sind sich oftmals gar nicht bewusst, wie ihr Verhalten wirkt oder sie betrachten es als angemessen" (Freisler und Greßer 2018, S. 55). Dies deckt sich mit den Erkenntnissen von Kälin und Müri, die in einem Test zum Führungsverhalten herausgefunden haben, dass Führungskräfte sich im Allgemeinen nach ihrem durch den Test ermittelten *dominanten Führungsstil* verhalten. Der ebenfalls im Test ermittelte *Ersatzstil* wird gewählt, „wenn [s]ie mit dem dominanten Stil keinen Erfolg haben oder wenn sich dieser Stil aus irgendwelchen Gründen nicht eignet. Befragt man die Mitarbeitenden nach dem Verhaltensstil ihres Vorgesetzten, nennen diese [jedoch] in der Regel den Ersatzstil" (2005, S. 32). Selbstwahrnehmung ist nicht nur in Bezug auf Selbstführung ein wichtiger Aspekt, sondern sorgt durch die Betrachtung der eigenen Persönlichkeit durch die daraus entstehende „gute Verbindung mit sich selbst, mit der Vielfalt der eigenen Innenwelt [dafür], dass die Präsenz als Führungskraft steigt" (Schrör 2016, S. 135).

Schauen wir uns nun an einem Beispiel an, welche Folgen unterschiedliche Selbst- und Fremdbilder (hier im Sinne der Fremdbilder, die Andere sich von uns selbst bilden) haben können. Martin Suter bietet in seinen Kolumnen zur „business class" zahlreiche Beispiele über die Auswirkungen unterschiedlicher Selbst- und Fremdwahrnehmungen. Eines davon möchte ich Ihnen hier vorstellen:

Hunold, Manager und Familienvater

Hunold kann auch abschalten und nur für die Familie dasein. In der Regel Ende Juli. Dann läßt er die Firma Firma sein und geht in die Sommerferien. Zwar nicht vier Wochen wie Linda und die Kinder, aber immerhin zehn Tage. Es kommt ja nicht in erster Linie auf die Länge an, die Intensität ist es, die zählt. Und in puncto Intensität ist Hunold stark.

Er kommt also Mitte der zweiten Woche und meidet damit die gehässigen ersten Tage. Bei seiner Ankunft sind die Sonnenschutzfaktoren schon runter auf zehn, und Annina (7) und Terry (9) wissen, wo es die beste Pizza gibt und was „ein Magnum mit Mandelsplitter" in der Landessprache heißt. Linda ist braun genug für die neue Feriengarderobe und bewegt sich mit der Nonchalance einer erschöpften Mutter von zwei kleinen Kindern nach zehn Tagen Kampf gegen Ultraviolett, Quallen, Hitze und unterschiedlichen Auffassungen in fast allen Fragen des täglichen Lebens. Wenn Hunold ankommt, ist die Familie bereit für ihn.

Den Abend nach seiner Ankunft widmet er Linda. Sobald sie die Kinder ins Bett gebracht hat, besitzt sie seine ungeteilte Aufmerksamkeit. Dann kann sie ihm einmal all das erzählen, wofür ihm sonst seine Managementaufgaben (letztlich ja seine Aufgaben als Ernährer) keine Zeit lassen. Das ist der Moment, wo er zuhört, wo er alles wissen will über die kleinen Sorgen und Sensatiönchen des Alltags einer Mutter zweier Kinder und Frau eines Executive Vice President der Schweizer Niederlassung eines internationalen Markenartiklers. Wenn es nicht zu spät wird oder einer seiner praktischen Ratschläge zu Haushaltsführung oder Kindererziehung zu einer Verstimmung geführt hat, intensiviert er nach dem Zubettgehen die Beziehung auch noch über das rein Geistige hinaus.

Der Tag gehört dann der ganzen Familie. Er beginnt mit dem gemeinsamen Frühstück. Sich hinsetzen, sich zuwenden. „Wie würdest du Qualle schreiben, Annina?" – „Wie heißt das Land, wo wir sind, und wie seine Hauptstadt, Terry?" Kinder sind ja so wissensdurstig.

Das Programm des ersten Tages sieht keinen Strandbesuch vor. Das hat vor allem pädagogische Gründe. Hunold will mit dieser unpopulären Maßnahme seine natürliche Autorität von Anfang an wieder herstellen, Kinder brauchen Führung, sie wollen, daß ihnen jemand sagt, wo es langgeht. Natürlich ist das im Normalfall Linda, aber kann eine Mutter auf die Länge den Vater ersetzen? Ein Tag ohne die

Ablenkung des Strandlebens verbessert die Intensität des Zusammenseins. Und auch die persönliche Erreichbarkeit am ersten Tag seiner Firmenabwesenheit.

Hunold beschäftigt sich also rückhaltlos mit seinen Kindern. Was sind das für kleine Menschen, die er hier führt, für die er sorgt, die zu ihm aufschauen, die ihm vertrauen? Welche seiner Bewegungen, Züge, Charaktereigenschaften, Talente entdeckt er in ihnen wieder? Wie kann er wecken, motivieren, fördern?

Er versucht ihnen die Landessprache des Ferienortes näherzubringen, denn Kinder lernen Sprachen ja so leicht. Er bemüht sich, ihren Ekel vor Fisch zu überwinden, denn Kinder brauchen Phosphor und Magnesium. Er erzählt ihnen ausführlich über seine Tätigkeit als Executive Vice President, denn Kinder wollen wissen: Was ist das für ein Mensch, mein Papi? Was tut er, wenn er am Morgen früh weggeht und am Abend spät zurückkommt?

Im Bett nach dem ersten Ferientag fragt Annina ihre Mutter: „Wievielmal schlafen, bis Papi wieder arbeiten muß?"

„Acht mal", antwortet Linda Hunold ohne nachzurechnen.

(aus: **Martin Suter: *Business Class*.** Geschichten aus der Welt des Managements. Copyright © 2000, 2002 Diogenes Verlag AG Zürich – mit freundlicher Genehmigung).

Auch ohne dass Suter uns die Fremdbilder, die Linda, Terry und Annina von Hunold haben, näher erläutert, wird schnell deutlich, dass deren jeweilige Fremdbilder von Ehemann und Vater deutlich abweichen werden von Hunolds Selbstbild. Hunolds Selbstbild ist ganz von sich *als Manager* geprägt. Im Kontext seines Unternehmens mag dieses Selbstbild passend sein, übertragen auf seine Rollen *als Ehemann und Vater* sind die Wirkungen, die dieses Selbstbild auf sein Handeln hat, geradezu fatal. Die ganz auf den Manager-Vater ausgerichtete *„Beschäftigung"* mit den Kindern wird sicher nicht zu dem von Hunold avisierten Ziel führen, dass seine Kinder „zu ihm *aufschauen"*, sich von ihm „*motiviert"* und „*gefördert"* fühlen, ebenso wenig wie seine Frau Linda die nach seinen Vorstellungen umgesetzte „*Zuwendung"* als solche erleben wird. Hunolds Familienangehörige, die nicht nach ihren Interessen und Vorstellungen gefragt werden oder auch nur die Möglichkeit erhalten, selbst zu erfragen, was sie gerne von ihrem Mann oder Vater erfahren möchten (geschweige denn ob überhaupt etwas), werden im Gegensatz zu Hunold selbst nicht das Gefühl haben, dass er sich für sie interessiert und ihnen wertschätzende Aufmerksamkeit geschenkt hat.

5.3   Kommunikationssituationen am Beispiel der Entstehung von Missverständnissen

Das Beispiel von Hunolds Ferienerlebnis mit seiner Familie eignet sich gut, um sich einmal anzuschauen, zu welchen Missverständnissen unterschiedliche Selbst- und Fremdbilder führen können – hier besonders prägnant durch den nicht-berücksichtigten Kontext (Familienleben) in Hunolds von seinem Manager-Selbstbild (Arbeitsleben) bestimmten Handeln.

Während Hunold sich für einen guten Ehemann und Vater hält, der an seiner Familie interessiert ist und sich ihr zuwendet, seinen Familienangehörigen allein schon durch die Tatsache, dass er ihnen ganze 10 Tage seiner wertvollen Zeit widmet, Wertschätzung entgegen bringt und ganz um das Wohl seiner Frau und der Kinder bemüht ist – er hört seiner Frau aufmerksam zu, motiviert und fördert seine Kinder – wird dies von seiner Frau und seinen Kindern vermutlich deutlich anders gesehen, da sie schon nach einem gemeinsamen Ferientag seinen Abreisetag herbeisehnen.

Folgende Missverständnisse zeichnen sich aufgrund der unterschiedlichen Selbst- und Fremdbilder ab:

Statt „sogar zehn Tage" bewertet seine Familie die zehn Tage gemeinsamen Familienurlaubs vermutlich eher mit „wieder nur zehn Tage von vier Wochen" (zumindest wenn Hunold den Wunschbildern als Ehemann und Vater mehr entspräche).

Während Hunold sich als aufmerksamen, zugewandten Ehemann empfindet, könnte bei Lindas Wahrnehmung im Vordergrund stehen, dass Hunold selbst in den wenigen gemeinsamen Urlaubstagen ihr das ins-Bett-bringen der Kinder überlässt, ihr nur einen Abend Aufmerksamkeit widmet, der nach einem festgelegten Terminplan stattfindet (erster Urlaubsabend) und vermutlich für das ganze Jahr reichen muss, statt dann für sie da zu sein, wenn sie ihn oder seine Ratschläge braucht und möchte. Hier wird ein weiteres Missverständnis zwischen Hunold und seiner Frau deutlich: Während er ihre Familienarbeit geringschätzig bewertet („kleine Sorgen", „Sensatiönchen") und infolgedessen den Eindruck hat, dass ein Abend im Jahr voll ausreicht, um ihm „all [!] das [zu] erzählen, wofür ihm sonst seine Manageraufgaben [...] keine Zeit lassen", wird Linda möglicherweise erst gar nicht ernsthaft anfangen, aus ihrem Leben und dem der Kinder zu erzählen (wohl wissend, dass sie nur diesen einen Abend dazu Zeit haben wird), bzw. die Tatsache, dass sie – im Gegensatz zu den Kollegen und Geschäftspartnerinnen ihres Mannes – einen Abend im Jahr seine Aufmerksamkeit bekommt, kaum als wertschätzend und Interesse an ihr wahrnehmen. Wenn wir davon ausgehen, dass Hunold auch Linda gegenüber von „kleinen Sorgen" etc. spricht, wird das Gefühl mangelnder Wertschätzung ihr gegenüber noch deutlicher. Umgekehrt könnte auch Hunold sich missverstanden fühlen und die Wertschätzung seiner Frau vermissen, weil Linda in seinen Augen die wichtigen und zeitaufreibenden Aufgaben eines Executive Vice Presidents unterschätzt und das Opfer, das er als Ernährer der Familie durch seine Berufstätigkeit auf sich nimmt, aus seiner Sicht nicht angemessen hoch bewertet.

Während für Hunold beim strandfreien Urlaubstag Familiengründe im Vordergrund stehen (Etablierung seiner „natürlichen Autorität" gegenüber seinen Kindern), könnte seine Frau davon ausgehen, dass eher die bessere „persönliche Erreichbarkeit am ersten Tag seiner Firmenabwesenheit" für den strandfreien Tag ausschlaggebend ist.

Während Hunold seine Aktivitäten als Beweis für sein Interesse an seiner Familie wertet und ihr auf diese Weise Wertschätzung entgegenbringen möchte, haben seine Frau und seine Kinder vermutlich eher das Gefühl mangelnder Wertschätzung und sehen die Tatsache, dass Hunold nicht danach fragt, was sie tun wollen, wofür sie sich interessieren oder auch nur worüber sie reden möchten, worüber die „wissensdurstigen Kinder" etwas erfahren möchten etc. eher als Beweis seines Desinteresses.

Auch wenn Suter in seinen Kolumnen manches überspitzt darstellt, geben diese doch einen guten Einblick in typische Fallen und Missverständnisse. Sie treten nicht nur an der hier gezeigten „Schnittstelle" zwischen Berufs- und Familienleben auf, sondern auch im Privat- und Berufsleben, wann immer unterschiedliche Sichtweisen (unausgesprochen) aufeinandertreffen.

Interkulturelle Begegnungen im Arbeitsleben

6

Wie Sie im vorigen Kapitel gesehen haben, können sich Menschen schon innerhalb der eigenen Kultur und Gesellschaft in hohem Maß bezüglich ihres Selbstverständnisses, ihrer Werte und Zielvorstellungen unterscheiden. Wenn nun Menschen unterschiedlicher Kulturen miteinander leben und arbeiten, kommen zu den auch innerhalb einer Kultur existierenden Unterschieden noch kulturelle Aspekte hinzu, die aufgrund ihrer Stabilität (sie sind uns im Laufe unserer Sozialisation bzw. Enkulturation sozusagen „in Fleisch und Blut übergegangen") das eigene Selbst- und Fremdbild maßgeblich beeinflussen. Die kulturellen Aspekte werden von den Angehörigen der jeweiligen Kultur in der Regel als so selbstverständlich wahrgenommen werden, dass sie bei der Interaktion mit Angehörigen einer anderen Kultur nicht hinterfragt werden. Missverständnisse sind hier also praktisch vorprogrammiert.[1]

Ich will Ihnen dies am Beispiel der Ihnen bereits vorgestellten Unterscheidung zwischen individualistischen und kollektivistischen Kulturen verdeutlichen: Kollektivistische Arbeitskulturen erwarten von ihren Mitgliedern eine höhere emotionale Abhängigkeit der Mitarbeiterinnen von den Unternehmen, in denen sie arbeiten, als dies in individualistischen Kontexten der Fall ist. Im Gegenzug übernimmt das jeweilige Unternehmen eine hohe Verantwortung für seine Mitarbeiterinnen. Es herrscht also eine größere Verbundenheit zwischen dem Unternehmen und seinen Mitarbeiterinnen, die sich sowohl in (moralischen) Werten als auch sozialem Engagement ausdrückt (Hofstede 2001, S. 212). Der

---

[1]Allerdings ist gegenüber einer Stereotypisierung solcher Aspekte als sogenannte „Kulturstandards" Vorsicht geboten.

Grad an Individualismus und Kollektivismus bestimmt laut Hofstede auch die Personenauswahl bei der Besetzung einflussreicher Stellen im Unternehmen: In kollektivistischen Gesellschaften werden diese Stellen mit Personen besetzt, denen die Probleme innerhalb der Organisation vertraut sind und die in der Gesellschaft Einfluss haben. In individualistischen Gesellschaften dagegen wird von der Inhaberin einflussreicher Stellen nur ein Minimum an Beziehungen innerhalb der Organisation erwartet; sie soll sich vielmehr als wesentlichen Teil der Welt außerhalb des Unternehmens verstehen (ebd., S. 213).

Wenn wir uns noch einmal daran erinnern, dass die Harmonie innerhalb der Gemeinschaft in kollektivistischen Gesellschaften einen hohen Stellenwert besitzt (s. Abschn. 3.2), wird es nicht überraschen, dass eine direkte Konfrontation einer anderen Person in diesen Gesellschaften als äußerst unhöflich und unerwünscht angesehen wird. Hofstede weist darauf hin, dass schon die Benutzung des Wortes „nein" in Japan als Konfrontation gesehen wird. Die höfliche Alternative, um eine Bitte abzulehnen, wäre die Formulierung: „Du könntest recht haben", oder: „Wir denken darüber nach." Auch das Wort „ja" sollte gleichermaßen nicht unbedingt als Zustimmung gewertet werden, sondern könnte auch im Sinne von „Ja, ich habe Sie gehört", verstanden werden (2001, S. 228). Im Gegensatz dazu gilt Offenheit und Ehrlichkeit in individualistischen Gesellschaften als Tugend, unterschiedliche Meinungen dürfen und sollen ausdiskutiert werden, um so zu einem höheren Erkenntnisgewinn zu gelangen (ebd., S. 229). Was diese kulturell bedingten Unterschiede für ein global agierendes Unternehmen bedeuten, liegt auf der Hand, wenn z. B. eine deutsche Managerin ganz im Sinne der Werte ihrer Kultur klare und direkte Arbeitsanweisungen gibt, ihre japanische Mitarbeiterin – ganz im Sinne der Werte ihrer Kultur – jedoch nur aus Höflichkeit zustimmt, obwohl ihr die Vorgaben und Erwartungen ihrer Vorgesetzten unklar geblieben sind. Auf das jeweilige Fremdbild übertragen wird die japanische Mitarbeiterin ihre Vorgesetzte mit Sicherheit als unhöflich wahrnehmen, möglicherweise auch als inkompetente Managerin, weil sie sich nicht vergewissert hat, dass ihre Mitarbeiterin den Arbeitsauftrag verstanden hat und auch ausführen kann.

Die Managerin wiederum wird ihre Mitarbeiterin als unzuverlässig wahrnehmen, weil sie den ihr erteilten Arbeitsauftrag nicht ausgeführt hat, möglicherweise ebenfalls als inkompetent, weil sie annimmt, die Mitarbeiterin sei aufgrund ihrer mangelnden Fähigkeiten oder ihrer aus Sicht der Managerin schlechten Arbeitshaltung nicht in der Lage gewesen, den Arbeitsauftrag auszuführen. Wäre es anders gewesen, davon geht die Managerin mit ihrem eigenen gesellschaftlichen Wertesystem aus, hätte die Mitarbeiterin ja nachgefragt und den Auftrag schon gar nicht kommentarlos angenommen.

Hier führt die Unkenntnis der jeweils anderen Gepflogenheiten zu Fremdbild-konstruktionen, die auf einer missverstandenen Interpretation beruhen.

Bei interkulturellen Begegnungen sind „[d]ie jeweiligen Vorstellungen vom Eigenen und Fremden […] auf vielfache Weise miteinander verwoben" (Lackner und Werner 1999, S. 41). Die Fremdwahrnehmung beeinflusst hier in besonderer Weise sowohl die eigenen Reaktionsmuster als auch die der Anderen (Lüsebrink 2003, S. 320). So haben Untersuchungen zu Studienreisen gezeigt, dass die „Verstärkung der bereits vorhandenen Stereotypen" trotz des Wunsches, mit Einheimischen in Kontakt zu kommen, dazu führen kann, dass der Kontaktwunsch während der Reise eher abnimmt, „exotische Klischees" jedoch zunehmen (Lüsebrink 2016, S. 138). Aber auch bei einer Intensivierung interkultureller Kontakte führt dies nicht, wie häufig angenommen, zwangsläufig zu einem Abbau von Vorurteilen, da auf diese Weise zunehmend auch individuelle Unterschiede in den Blick geraten (sollten), sondern eher zu einer Verstärkung stereotyper Fremd-wahrnehmungen[2], wie Studien gezeigt haben (Lüsebrink 2003, S. 321). Hier werden Stereotypen bei interkulturellen Begegnungen oft besonders wirksam, weil diejenige, die sich auf diesen Stereotypen aufbauend ein Fremdbild bildet, davon ausgeht, dass sie sich aufgrund der eigenen Kontakte mit Angehörigen der jeweiligen Kultur in dieser besonders gut auskennt und ihre Fremdbilder „als (vermeintliche) Kennerin" dieser Kultur weniger infrage stellen wird als diejenigen, die über die jeweilige Kultur weniger wissen.

---

[2]Dies hat unter anderem auch damit zu tun, dass uns Unbekanntes zunächst Unbehagen auslöst (im interkulturellen Kontext spricht man in diesem Zusammenhang von *Xeno-phobie,* der Angst vor dem Fremden) und infolgedessen ein stärkeres Bedürfnis nach Sicherheiten entsteht, die dann in der (vorschnellen) Bildung oder Anerkennung von Stereotypen und Vorurteilen gefunden werden.

Das Wirtschaftsmagazin Forbes berichtet von Studien, die darauf hinweisen, dass 85 % des finanziellen Erfolgs eines Menschen von der eigenen Persönlichkeit abhängen sowie den eigenen Fähigkeiten zu kommunizieren, zu verhandeln und zu führen. Nur 15 % basieren demnach auf sogenanntem Fachwissen (Hogshead 2014, S. 22). Der eigene berufliche Erfolg hängt also maßgeblich davon ab, welchen Eindruck Andere von Ihnen haben, er steht in engem Zusammenhang mit dem Fremdbild, das Andere von Ihnen haben. Hogshead geht sogar so weit zu behaupten: „You aren't funny if nobody else thinks you're funny" (ebd., S. 24; übersetzt: Sie sind (!) nicht lustig, wenn niemand sonst Sie für lustig hält).

Es lohnt sich also, das theoretische Wissen, das Sie nun erworben haben, noch einmal unter ganz praktischen Gesichtspunkten zu beleuchten.

7.1 Bewusster Umgang mit Stereotypen und eigenen Prägungen – Anerkennung der Grenzen von Stereotypen

Um beruflich erfolgreich zu sein, können Sie sich Ihre Selbst- und Fremdbilder (hier wieder im Sinne der Bilder, die Andere sich von Ihnen machen) zunutze machen. Erinnern Sie sich noch an den „halo-effect" aus Abschn. 4.3.1? Wenn Sie wissen, welche Ihrer vielen persönlichen Eigenschaften von Anderen häufig „auf den ersten Blick" wahrgenommen werden, haben Sie einen wertvollen Hinweis auf Ihr Fremdbild, wie Andere Sie wahrnehmen. Wirken Sie beim ersten Eindruck freundlich und offen, ist dies eine gute Voraussetzung, Ihren Umsatz zu steigern, wenn wir einmal annehmen, Sie arbeiten im Vertrieb. Dieser erste Eindruck, den Sie bei Anderen hinterlassen, wäre ebenso nützlich als Tagesmutter, weil Kinder wie Eltern so leichter Vertrauen zu Ihnen fassen. Wirken Sie dagegen in sich gekehrt und nur auf sich bezogen, werden Sie es als Lehrerin deutlich schwerer haben, Ihre Schülerinnen für sich einzunehmen und zum Lernen zu motivieren. Als Chirurgin dagegen wäre dieser erste Eindruck keineswegs hinderlich.

Wenn Sie also einen „ersten Eindruck" im Sinne des „halo-effects" hinterlassen, der Ihnen beruflich nützlich ist, können Sie diesen gezielt(er) einsetzen bzw. kultivieren. Wenn Sie dagegen einen beruflich hinderlichen „ersten Eindruck" hinterlassen, können Sie sich natürlich fragen, ob Sie diesen Eindruck durch einen anderen ersetzen können: Dies könnte durch Ihre Kleidung z. B. möglich sein – berührt er jedoch grundlegendere Persönlichkeitseigenschaften von Ihnen, sollten Sie gut überlegen, ob Sie diesen Eindruck überhaupt verändern könnten und falls ja, ob Sie das wollten: Es ist beispielsweise für einen introvertierten Menschen sehr anstrengend, bewusst auf Andere zuzugehen und auf diese Weise extrovertierter zu wirken. Möglicherweise wäre es konstruktiver und wertschätzender sich selbst gegenüber, den introvertierten Eindruck durch andere Eigenschaften, die Ihnen mehr liegen, auszugleichen und diese bewusst in den Vordergrund zu rücken.

Voraussetzung dafür ist natürlich, dass Sie Ihre eigenen Vorlieben und Eigenschaften kennen, wissen, welche Prägungen für Sie besonders wichtig sind. Dies können Sie durch eigene Reflexion tun – z. B. indem Sie darüber nachdenken, inwiefern das, was Sie hier in diesem *essential* lesen, auf Sie und Ihr Leben zutrifft, aber auch durch Seminare, die sich mit dem Thema Selbsterfahrung oder Selbst- und Fremdwahrnehmung beschäftigen. Auch ein Coaching bringt Sie bezüglich dieser Fragestellung weiter oder psychologisch fundierte Persönlichkeitstests. Darüber hinaus haben Sie immer die Möglichkeit, die Menschen in Ihrem Umfeld direkt zu fragen, wie Sie auf sie wirken. Bedenken Sie bei der Antwort jedoch, *wer* Ihnen diese Antwort gibt: Ihre vielleicht neidische Kollegin und Konkurrentin wird Ihnen sehr wahrscheinlich kein ehrliches Feedback geben. Überlegen Sie daher, wen Sie nach einem Feedback fragen und in welchem Kontext Sie dies tun.

Abgesehen davon, dass Sie Ihr Fremdbild bewusst beeinflussen können, wenn es Ihnen bekannt ist, besteht eine weitere Möglichkeit des konstruktiven Umgangs mit Ihren eigenen Prägungen darin, genau diese Eigenschaften und Eigenarten anzunehmen: Hier geht es darum, gerade *nicht* zu versuchen, sich selbst zu verändern und sich darauf zu konzentrieren, was Sie noch *nicht* können, wie Sie *nicht* wirken usw., sondern statt auf diese Schwächen und Defizite Ihre Aufmerksamkeit auf Ihre Stärken zu lenken, das, was Sie schon oder gut *können, wie* Sie wirken usw. So könnten Sie z. B. eine Tätigkeit anstreben, die

Ihren persönlichen Eigenschaften und Prägungen entgegenkommt, wo Sie genau diese Eigenschaften umsetzen können. Der kritische Blick, der im Verkauf eher hinderlich wäre, erweist sich bei der Weiterentwicklung eines Produkts z. B. als konstruktiv und gewinnbringend.

Selbst bei Stereotypen (alltagssprachlich oft als *Vorurteile* bezeichnet), die heutzutage heftig kritisiert werden, gibt es eine Möglichkeit des konstruktiven Umgangs mit ihnen: Auch hier gilt es, sich weniger darum zu bemühen, keine Vorurteile zu haben (was Ihnen höchstwahrscheinlich auch nicht gelingen würde), sondern sich eher darauf zu konzentrieren, was diese Vorurteile oder Stereotypen bedeuten und welchen Stellenwert Sie ihnen beimessen. Wenn Sie sich an das Kap. 4 zu unserer Wahrnehmung erinnern, wird schnell deutlich, dass wir ein gewisses „Schubladen-denken" nicht nur nicht verhindern können, sondern dieses „Schubladen-denken" geradezu brauchen, um schnelle Entscheidungen treffen zu können und handlungsfähig zu bleiben. Auch die Entstehung von Fremd-bildern (hier im Sinne der Bilder, die Sie sich von Anderen machen) geschieht ohne Ihr bewusstes Zutun; dass Sie Fremdbilder haben, lässt sich also ohnehin nicht ändern. Wichtig ist dabei jedoch – vor allem im Umgang mit anderen, uns „fremden" Kulturen – sich darüber bewusst zu sein, dass Stereotypen immer eine starke Vereinfachung darstellen. Auch in anderen Kulturen gibt es wie in Ihrer eigenen Kultur individuelle Unterschiede, werden die in Kap. 3 genannten Aspekte wie sozialer Status, *gender* usw. wirksam. Stereotypen berücksichtigen genau dies in der Regel nicht: Alle (!) Deutschen sind direkt und humorlos, ernst-haft und diszipliniert/gewissenhaft.

Seien Sie sich außerdem darüber im Klaren, dass die Bilder, die Sie sich von Menschen anderer Kulturen machen, wesentlich von Ihren eigenen Standards geprägt sind. Stereotypen betonen vor allem den Unterschied zu unserer eigenen Herangehensweise, z. B. dass es in Japan unhöflich ist, seinem Gegenüber in die Augen zu schauen. Wenn Sie nun einer Japanerin begegnen und die Ihnen nicht in die Augen schaut, kann Ihnen dieses Wissen nützlich sein, denn Sie haben nun die Möglichkeit, diese Verhaltensweise anders zu bewerten, als Sie dies bei Ihrer deutschen Nachbarin tun würden.

Wenn Sie sich also darüber im Klaren sind, dass Stereotypen…

… eine starke Vereinfachung darstellen, die viele andere wesentliche Dinge unberücksichtigt lassen,

… stark von Ihrer eigenen „Ausgangswahrnehmung" geprägt sind und sich vor allem auf Unterschiede zu Ihrer eigenen Kultur beziehen,

… und nur eine Interpretationsmöglichkeit darstellen (keine Pflicht, die Dinge vor dieser Interpretationsfolie sehen zu müssen), können Sie sie nun für sich selbst positiv nutzen, indem Sie sie als Hinweis betrachten und sich dabei bewusst sind, dass es in diesem speziellen Fall immer auch anders sein könnte – und Ihre Stereotypen in diesem Sinne annehmen, jedoch immer wieder auch infrage stellen.

7.2   Perspektivenübernahme

Die Erkenntnis, das Andere anders sind – manchmal mehr, manchmal weniger – und das Wissen darüber, dass viele der täglichen Eindrücke, die Sie sich von Anderen machen, auf Ihrer eigenen Wahrnehmung beruhen (siehe Kap. 4) führt dazu, dass die Bewertung Anderer und ihres Handelns, ihrer Ansichten und Meinungen zwangsläufig von Ihrem Fremdbild dieser Anderen beeinflusst wird und mit deren Selbstbild oft nicht übereinstimmt. In den Kap. 5 und 6 haben wir einige der daraus resultierenden Folgen näher beleuchtet, z. B. Missverständnisse. Um Missverständnisse eher zu vermeiden oder aus einer Situation gegenseitigen Unverständnisses wieder herauszukommen, können Sie als reflexives und Empathie-befähigtes Wesen die Perspektive Anderer einnehmen. Umgangssprachlich wird oft davon gesprochen, sich in (die Lage) Andere(r) hineinzuversetzen. Aus der Perspektive der anderen Person aus betrachtet können Sie neue, andere Interpretationsmöglichkeiten entdecken, die Sie von Ihrem eigenen Standpunkt aus betrachtet nicht wahrgenommen hätten: So kann z. B. eine Kritik an Ihrer Arbeit weniger auf Sie und Ihre Arbeit bezogen sein – dies wäre die erste naheliegende Interpretation von Ihrem Standpunkt aus gesehen –, sondern könnte aus der Perspektive Ihrer Vorgesetzten aus betrachtet Ausdruck des großen Drucks sein, unter dem sie steht, weil in der Vorstandssitzung, in der sie die Arbeit ihres Teams (dem Sie in meinem Beispiel angehören) vorstellen muss, darüber entschieden wird, ob das Projekt weiter gefördert wird oder nicht (weitere Beispiele in W. Pfab 2020, Abschn. 5.3). Mit diesem Hintergrundwissen, das Ihnen aus der Perspektive Ihrer Vorgesetzten präsenter ist als aus Ihrer eigenen Perspektive aus betrachtet, könnte die Kritik an Ihrer Arbeit also ein Ausdruck der Sorge sein, dass die Ergebnisse der (durchaus guten) Arbeit der Gewinnorientierung des Vorstands nicht genügen könnten.

Praxisorientiertes Fazit

8

Was können Sie nun, abgesehen von den in den vorigen Kapiteln bereits auf-
gezeigten Möglichkeiten eines konstruktiven Umgangs mit Selbst- und Fremdbildern, an Erkenntnissen und Verhaltensstrategien für Ihr tägliches (Berufs-)
Leben mitnehmen?

Aus meiner Sicht vor allem den bewussten (!) Umgang mit Selbst- und Fremdbildern. Urteilen Sie nicht zu schnell, sondern hinterfragen Sie in Ihnen unver-
ständlichen Situationen oder bei z. B. durch Missverständnisse entstandenen
Konflikten Ihre eigene, erste Einschätzung der Situation. Was könnte noch/statt-
dessen/… Grund für ein bestimmtes Verhalten sein?

Hinterfragen Sie auch Ihre eigene Einschätzung eines Menschen, wann
immer dieser Mensch bzw. eine bestimmte Verhaltensweise oder Aussage von
ihm bei Ihnen besonders starke negative Gefühle auslöst: Könnte es sich um eine
Projektion handeln und Ihre Gefühle mehr mit Ihnen selbst als mit dem anderen
Menschen zu tun haben?

Eine Möglichkeit, dies herauszufinden ist die im europäisch-westlichen
Kulturkreis bereits sehr lange verbreitete Selbsterforschung – Sie kennen dies
durch Sprichwörter wie „Selbsterkenntnis ist der erste Schritt zur Besserung"
oder die Aufforderung zur Selbstprüfung[1]. So kann ein besseres Verständnis
der „Zusammenhänge zwischen dem, was unser Selbst ist, und den uns ständig
adressierenden Resonanzen" dazu beitragen, „die Beziehungen zwischen uns und
unseren Mitmenschen besser zu regulieren und ein glückliches Leben zu führen"

---

[1]Dass Ihnen dieser Ansatz vermutlich vertraut sein wird, liegt in der langen Tradition
der „Selbstprüfung", die historisch durch die christlichen Vorstellungen von Schuld und
Beichte geprägt wurde (siehe Ohlig 2001).

(Bauer 2019, S. 14). Um sich selbst besser kennen zu lernen eignet sich z. B. das Schreiben von Tagebüchern, das dazu anregt, sich bestimmte Situationen, aber auch eigene Gedanken und Gefühle noch einmal vor Augen zu führen und Ihnen dadurch die Möglichkeit gibt, bestimmte Verhaltensweisen oder Bewertungen noch einmal zu hinterfragen.

Dies ist auch nützlich, um sich über seine eigenen Ziele klar(er) zu werden: Warum ist Ihnen eine bestimmte Sache besonders wichtig? Was möchten Sie mit … erreichen? Bereits der römische Dichter, Politiker und Philosoph Seneca (ca. vor Christus – 65 nach Christus). hat herausgefunden: „Für einen, der nicht weiß, welchen Hafen er ansteuern will, gibt es keinen günstigen Wind." Man kann seine Ziele nur erreichen, wenn man sie kennt.

Im Coaching[2] ist Zielklärung und die sogenannte Auftragsklärung daher besonders wichtig: Oft kommen Klientinnen mit einem Anliegen, bei dem sich bei genauerem Hinterfragen herausstellt, dass das *eigentliche* Anliegen ein ganz anderes ist. Sollten Sie also bei Ihrer eigenen Selbsterforschung oder auch dem Herausfinden Ihrer Lebens- und Karriereziele nicht weiterkommen, lohnt es sich, ein Coaching in Anspruch zu nehmen – übrigens auch bei festgefahrenen Konflikten oder unterschiedlichen Sichtweisen mit Ihren Kolleginnen oder Ihrer Vorgesetzten, wie wir sie z. B. in den Kap. 5 und 6 näher beleuchtet haben. Oft reichen schon wenige Sitzungen mit einem erfahrenen Coach[3] um wieder Klarheit zu gewinnen.

Eine weitere Empfehlung, die ich Ihnen geben möchte, ist gut zuzuhören und nicht zu schnell der (oftmals trügerischen) Verführung zu erliegen, bereits verstanden zu haben, bereits zu wissen, worum es geht und was Ihre Gesprächspartnerin eigentlich (!) braucht, tun müsste etc. Generell gilt, dass es sich lohnt, öfter nach- bzw. rückzufragen: „Habe ich richtig verstanden, dass…?" bzw. „Mir ist … noch nicht ganz klar geworden. Können Sie darauf noch einmal näher eingehen?"

---

[2]Einen guten Überblick über das Thema Coaching bietet der Handbuchartikel von A. Pfab und W. Pfab (2018).

[3]Da es sich sowohl bei den Begriffen Coach als auch Supervisor/in um ungeschützte Berufsbezeichnungen handelt und sich infolgedessen viele „schwarze Schafe" auf dem Beratungsmarkt finden, sollten Sie auf eine qualifizierte Ausbildung in diesem Bereich achten, die Sie z. B. an der Zugehörigkeit zu einem renommierten Berufsverband erkennen: So ist die „Deutsche Gesellschaft für Supervision und Coaching" (DGSv) nicht nur der größte und älteste Berufsverband in Deutschland, sondern auch der mit den höchsten Qualitätsanforderungen an Coachingausbildungen und Supervisorinnen.

Zuletzt möchte ich Sie dazu anregen, eine positive Grundhaltung zu den unterschiedlichen Selbst- und Fremdbildern einzunehmen: Freuen Sie sich über die Vielfalt und unterschiedlichen Gestaltungsmöglichkeiten, die das Wechselspiel zwischen Selbst- und Fremdwahrnehmung, aber auch Ihre eigenen Möglichkeiten, Ihr Leben selbst in die Hand zu nehmen, sich Ihren wechselnden Wunschbildern anzunähern, bietet. Aus meiner langjährigen Erfahrung als Coach kann ich Ihnen versichern, dass Sie in der Regel wesentlich mehr eigene Handlungsspielräume haben und auch Möglichkeiten, bestimmte Situationen, sich selbst und Andere aus einem neuen, anderen Blickwinkel zu betrachten und so zu neuen Ideen und Bildern von sich, aber auch den Menschen Ihrer Umgebung zu kommen. Es lohnt sich also, sich auch weiterhin mit Selbst- und Fremdbildern zu beschäftigen – und sich und Andere dabei wieder (neu) entdecken zu können!

Was Sie aus diesem *essential* mitnehmen können

- Einblicke in die Entstehung von Selbst- und Fremdbildern und welche Rolle die Kultur, in der Sie aufgewachsen sind, dabei spielt
- Erkenntnisse über den Einfluss von Selbst- und Fremdbildern auf das eigene Leben und das berufliche Handeln
- Welche Bedeutung Selbst- und Fremdbilder (z. B. in Form von Stereotypen) bei interkulturellen Begegnungen haben
- Wie Sie Selbst- und Fremdwahrnehmung konstruktiv nutzen können (z. B. durch Perspektivenübernahme)
- Wie Sie durch einen bewussten Umgang mit Selbst- und Fremdbildern Missverständnisse und Konflikte vermeiden können

Literatur

Asch, S. E. (1946): Forming impressions of personality. *Journal of Abnormal and Social Psychology*, 41, S. 258–290.

Bauer, J. (2019): *Wie wir werden, wer wir sind. Die Entstehung des menschlichen Selbst durch Resonanz.* München: Karl Blessing.

Baumeister, R. F. (1986): *Identity: Cultural Change and the struggle for self.* New York: Oxford Univ. Press.

Beck, U. (1986): *Risikogesellschaft. Auf dem Weg in eine andere Moderne.* Frankfurt/M.: Suhrkamp.

Beck, U. & Beck-Gernsheim, E. (1990): *Das ganz normale Chaos der Liebe.* Frankfurt/M.: Suhrkamp.

Beck, U. & Beck-Gernsheim, E. (Hrsg.) (1994): *Riskante Freiheiten.* Frankfurt: Suhrkamp.

Bouwsma, W. J. (2005): *Der Herbst der Renaissance. 1550–1640.* Berlin: diphanes.

Carver, C. S. (2012): Self-Awareness. In M. R. Leary & J. P. Tangney (Eds.), *Handbook of Self and Identity* (S. 50–68). 2. Aufl. New York: Guilford Press.

Cooley, C. H. (1902): *Human Nature and the Social Order.* New York, Chicago, Boston: Charles Scribner's Sons.

Drigotas, S. M., Rusbult, C. E., Wieselquist, J. & Whitton, S. W. (1999): Close partner as sculptor of the ideal self: Behavioral affirmation and the Michelangelo phenomenon. *Journal of Personality and Social Psychology*, 77, S. 293–323.

Duval, S. & Wicklund, R. A. (1972): *A theory of objective self-awareness.* New York: Academic Press.

Eagleton, T. (2017): *Kultur.* Berlin: Ullstein.

Eckardt, G. (2015): *Sozialpsychologie – Quellen zu ihrer Entstehung und Entwicklung.* Wiesbaden: Springer.

Elias, N. (1976): *Über den Prozess der Zivilisation: Soziogenetische und psychogenetische Untersuchungen.* 2 Bände. Frankfurt/M.: Suhrkamp.

Freisler, R. & Greßer, K. (2018): *Leadership-Kompetenz Selbstregulation. Im komplexen und agilen Umfeld als Führungskraft selbstwirksam handeln und Vorbild sein.* Bonn: managerSeminare Verlags GmbH.

Fuchs, H. & Huber, A. (2005): *Die 16 Lebensmotive. Was uns wirklich antreibt.* 3. Aufl. München: dtv.

Gergen, K. (1994): „Sinn ist nur als Ergebnis von Beziehungen denkbar". [Ein Gespräch mit Kenneth Gergen.], *Psychologie Heute*, Jg. 21, Heft 10, S. 34–38.

Gerndt, H. (2002): *Kulturwissenschaft im Zeitalter der Globalisierung. Volkskundliche Markierungen.* Münster, New York, München, Berlin: Waxmann.

Gestrich, A. (2001): Kindheit und Jugend – Individuelle Entfaltung im 20. Jahrhundert. In R. van Dülmen (Hrsg.): *Entdeckung des Ich. Die Geschichte der Individualisierung vom Mittelalter bis zur Gegenwart* (S. 465–487). Köln, Weimar, Wien: Böhlau Verlag.

Goebel, S. (2015): „Der Deutsche ist pünktlich und trinkt Bier." Über eine ethnologische Intervention in den Kulturbegriff in der Lehre Sozialer Arbeit. In: M. Treiber, N. Grießmeier & C. Heider (Hrsg.): *Ethnologie und Soziale Arbeit. Fremde Disziplinen, gemeinsame Fragen?* (S. 133–157). Opladen, Berlin, Toronto: Budrich Univ. Press.

Goffman, E. (1959): *The presentation of self in everyday life.* New York: Doubleday Anchor Books.

Gudykunst, W. B. & Ting-Toomey, S. (1988): *Culture and Interpersonal Communication.* Newbury Park, London, New Delhi: Sage.

Hannover, B. (1997): *Das dynamische Selbst. Die Kontextabhängigkeit selbstbezogenen Wissens.* Bern: Verlag Hans Huber.

Hogshead, S. (2014): *How the world sees you.* New York: Harper Collings.

Hofstede, G. (2001): *Culture's Consequences. Comparing Values, Behaviors, Institutions, and Organizations across nations.* 2. Aufl. Thousand Oaks, London, New Delhi: Sage.

James, W. (1890): *The Principles of Psychology.* Vol. I. New York: Henry Holt and Company. [darin Kapitel X: „The Consciousness of Self", S. 291–401].

Kälin, K. & Müri, P. (2005): *Sich und andere führen. Psychologie für Führungskräfte, Mitarbeiterinnen und Mitarbeiter.* 15. Aufl. Bern: h.e.p. Verlag.

Kernberg, O. (1976): *Object relations theory and clinical psychoanalysis.* New York: Aronson.

Keupp, H. (1997): *Ermutigung zum aufrechten Gang.* Tübingen: Deutsche Gesellschaft für Verhaltenstherapie-Verlag.

Kohut, H. (1971): *The analysis of the self.* New York: International University Press.

Kuhl, J. (2019): Wie funktioniert das Selbst? In S. Rietmann & P. Deing (Hrsg.), *Psychologie der Selbststeuerung* (S. 44–62). Wiesbaden: Springer VS.

Lackner, M. & Werner, M. (1999): Der *cultural turn* in den Humanwissenschaften. *Area Studies* im Auf- oder Abwind des Kulturalismus? Bad Homburg: Werner-Reimers-Stiftung.

Langfeldt, H.-P. & Nothdurft, W. (2015): *Psychologie. Grundlagen und Perspektiven für die Soziale Arbeit.* 5. Aufl. München/Basel: Ernst Reinhardt Verlag.

Leary, M. R. & Tangney, J. P. (2012): The Self as an Organizing Construct in the Behavioral and Social Sciences. In M. R. Leary & J. P. Tangney (Eds.), *Handbook of Self and Identity* (S. 1–18). 2. Aufl. New York: Guilford Press.

Lüsebrink, H.-J. (2003): Kulturraumstudien und Interkulturelle Kommunikation. In A. Nünning & V. Nünning (Hrsg.), *Konzepte der Kulturwissenschaften* (S. 307–328). Stuttgart, Weimar: J. B. Metzler Verlag.

Lüsebrink, H.-J. (2016): *Interkulturelle Kommunikation. Interaktion, Fremdwahrnehmung, Kulturtransfer.* 4., aktualisierte und erw. Aufl. Stuttgart: J. B. Metzler Verlag.

Markus, H. R. & Kitayama, S. (1991): Culture and the Self: Implications for Cognition, Emotion, and Motivation. *Psychological Review*, Vol. 98, No. 2, S. 224–253.

Mead, G. H. (1934): *Mind, Self and Society from a Standpoint of a Social Behaviorist.* Chicago: Chicago Univ. Press. https://nbn-resolving.org/urn:nbn:de:0168-ssoar-50777-3.

Morf, C. C. & Mischel, W. (2012): The Self as Psycho-Social Dynamic Processing System. In M. R. Leary & J. P. Tangney (Eds.), *Handbook of Self and Identity* (S. 21–49). 2. Aufl. New York: Guilford Press.

Ninio, J. (1998): *La Science Des Illusions.* Paris: Édition Odile Jacob.

Nothdurft, W. (1998): *Wortgefecht und Sprachverwirrung. Gesprächsanalyse der Konfliktsicht von Streitparteien.* Opladen, Wiesbaden: Westdeutscher Verlag.

Oerter, R. (1999): Das Menschenbild im Kulturvergleich. In ders. (Hrsg.), *Menschenbilder in der modernen Gesellschaft. Konzeptionen des Menschen in Wissenschaft, Bildung, Kunst, Wirtschaft und Politik* (S. 185–198). Stuttgart: Enke.

Ohlig, K.-H. (2001): Christentum – Individuum – Kirche. In R. van Dülmen (Hrsg.), *Entdeckung des Ich. Die Geschichte der Individualisierung vom Mittelalter bis zur Gegenwart* (S. 11–40). Köln, Weimar, Wien: Böhlau Verlag.

Oysermann, D., Elmore, K. & Smith, G. (2012): Self, Self-Concept, and Identity. In M. R. Leary & J. P. Tangney (Eds.), *Handbook of Self and Identity* (S. 69–104). 2. Aufl. New York: Guilford Press.

Pfab, A. & Döppner, C. W. (2019): Interkulturelle Perspektiven im Coaching – Gedanken zu einem überaus komplexen und vielseitigen Thema. In A. Pfab (Hrsg.), *Inspiriertes Coaching. Neun Impulse erfahrener Coaches in Zeiten der Transformation* (S. 239–252). Göttingen: Vandenhoeck & Ruprecht.

Pfab, A. & Pfab, W. (2018): Coaching. In S. Habscheid, A. Müller, B. Thörle & A. Wilton (Hrsg.), *Handbuch Sprache in Organisationen* (S. 424–443). Berlin: de Gruyter Mouton.

Pfab, W. (2020): *Konfliktkommunikation am Arbeitsplatz.* Wiesbaden: Springer.

Richter-Reichenbach, K.-S. (1996): Männerbilder – Frauenbilder – *Selbst* Bilder. Projekte, Aktionen, Materialien zur ästhetisch-kreativen Selbsterkundung. Aachen: Shaker-Verlag.

Roeder, U.-R. (2003): *Selbstkonstruktion und interpersonale Distanz.* Berlin: Freie Universität Dissertation.

Rogers, C. R. (1959): A theory of therapy, personality and interpersonal relationships, as developed in the client-centered framework. In S. Koch (Ed.), *Psychology. The study of a science.* Vol. 3: Formulations of the person and the social context. (S. 184–256). New York: Mc Graw-Hill.

Schneewind, K. A. (1999): Das Menschenbild in der Persönlichkeitspsychologie. In R. Oerter (Hrsg.), *Menschenbilder in der modernen Gesellschaft. Konzeptionen des Menschen in Wissenschaft, Bildung, Kunst, Wirtschaft und Politik* (S. 22–39). Stuttgart: Enke.

Schrör, I. (2016): *Führungskompetenz durch achtsame Selbstwahrnehmung und Selbstführung. Eine Anleitung für die Praxis.* Wiesbaden: Springer Gabler.

Simmel, G.: Soziologie (1992): *Untersuchungen über die Formen der Vergesellschaftung.* Bd. 11 der Gesamtausgabe (Hrsg.: O. Rammstedt). Frankfurt: Suhrkamp.

Sinclair, S., Huntsinger, J, Skorinko, J. & Hardin, C. (2005): Social Tuning of the Self: Consequences for the Self-Evaluations of Stereotype Targets. *Journal of Personality and Social Psychology,* Vol. 89, No. 2, 160–175.

Suter, M. (2002): *Business Class. Geschichten aus der Welt des Managements*. Zürich: Diogenes.

Tajfel, H. (1981): *Human Groups and Social Categories. Studies in Social Psychology*. Cambridge: Cambridge University Press.

Taylor, C. (1996): *Quellen des Selbst: Die Entstehung der neuzeitlichen Identität*. Frankfurt/M.: Suhrkamp.

Ulbricht, O. (2001): Ich-Erfahrung. Individualität in Autobiographien. In R. van Dülmen (Hrsg.), *Entdeckung des Ich. Die Geschichte der Individualisierung vom Mittelalter bis zur Gegenwart* (S. 109–144). Köln, Weimar, Wien: Böhlau Verlag.

Van Dülmen, R. (2001): Einleitung. In ders. (Hrsg.), *Entdeckung des Ich. Die Geschichte der Individualisierung vom Mittelalter bis zur Gegenwart* (S. 1–7). Köln, Weimar, Wien: Böhlau Verlag.

Wallace, H. M. & Tice, D. M. (2012): Reflected Appraisal through a 21st-Century Looking Glass. In M. R. Leary & J. P. Tangney (Eds.), *Handbook of Self and Identity* (S. 124–140). 2. Aufl. New York: Guilford Press.

Weber, M. (1964): *Wirtschaft und Gesellschaft*, Studienausgabe. Köln/Berlin: Kiepenheuer und Witsch.

Wernhart, K. (1988): Individualethnohistorie. In W. Hirschberg (Hrsg.), *Neues Wörterbuch der Völkerkunde* (S. 230). Berlin: Dietrich Reimer Verlag.

Printed in the United States
By Bookmasters